LA GALGA ALBAHÍA

ExLibric

PEPE CRIADO

La Galga Albahía

(1997-1999)

Y OTROS POEMAS

EXLIBRIC

ANTEQUERA 2025

LA GALGA ALBAHÍA (1997-1999) Y OTROS POEMAS
© Pepe Criado
Diseño de portada: Dpto. de Diseño Gráfico Exlibric
Dibujos de portada y contraportada: Pepe Criado.

Iª edición

© ExLibric, 2025.

Editado por: ExLibric
c/ Cueva de Viera, 2, Local 3
Centro Negocios CADI
29200 Antequera (Málaga)
Teléfono: 952 70 60 04
Fax: 952 84 55 03
Correo electrónico: exlibric@exlibric.com
Internet: www.exlibric.com

ISBN: 979-13-87528-80-5
Depósito Legal: MA 58-2025

Impresión: PODiPrint
Impreso en Andalucía – España

Nota de la editorial: ExLibric pertenece a Innovación y Cualificación S. L.

PEPE CRIADO

La Galga Albahía

(1997-1999)

Y OTROS POEMAS

Prólogo de
Eusebio Goçálvez-Ruano

A Alicia, Daniel, Óliver, Martina,
Ariadna, Andrea y Gabriela.
Mi equipaje, el mejor llevado,
el que no me pesa nunca.
A ellos.

Prólogo

Corría el otoño de 1996 cuando, pasados unos años, volví a reencontrarme con Pepe Criado. Ese día, en lugar de la habitual carpeta grande con cartulinas llenas de esbozos, traía un cartapacio con folios manuscritos; decidimos tomar un café en nuestra calle preferida —Lincoln Road, en Miami South Beach— y quise ver lo que pudiese tener apuntado. Con Pepe hay que estar preparado para llevarse alguna sorpresa, asiduamente grata, y me la llevé; soberbio y por fortuna, seguía escribiendo poemas.

El asombro me llega ahora, cuando tengo y deseo prologar este muy bien surtido y nutrido poemario que viene a ver la luz, después de haber podido leer, por fin, la primera edición de su poemario *Eje de Asimetría* (Ed. ExLibric, 2024), con muchos de los poemas que ya tuve ocasión de tener entre mis manos en aquellos manuscritos de 1996 y, aunque ya algo o muy aturdidos o borrosos, ha valido para que algunos de ellos hayan podido volver a mi memoria recordando esa tarde citada en la entradilla. Estos que ahora me llegan se corresponden casi en su totalidad a su etapa neoyorquina entre 1997 y 1999, la que se puede decir, sin riesgos de error, una de las que más que lo arrastró a esta sana manía de escribir poesías. Sé de sus trabajos poéticos, he tenido la suerte y ocasión de poder ahondar en ellos, más de lo que puede entenderse como si fuere algo razonable; muchos años y casi a hurtadillas, *de facto*, he sido primer lector de él.

Su ya larga obra, creo que lamentablemente muy inédita, abraza la centuria donde más ha evolucionado la poesía en todos los tiempos. Esa particularidad, lejos de ser un aprieto, aporta frescura por haber sabido aglutinar la extensa liberación suscitada por los poetas a lo largo del siglo XX. Ha absorbido las corrientes y circunstancias que le han precedido, incluyendo las dos guerras mundiales más la civil española, con todo lo que le es inherente a esas circunstancias, estando la mayor parte de los mejores intelectuales exilados, considerando obviamente el florecer de las civilizaciones en cada una de sus posguerras una vez pasados tiempos ampliamente dilatados, tiempo entre desdichas.

Desde siempre, hablando de la poesía castellana y remontándonos en particular a la medieval de Gonzalo de Berceo y sus *Milagros de Nuestra Señora*, por no recurrir a un Homero, Horacio o Virgilio como referente del punto de partida, la poesía ha sido, es y será el rincón donde habitan las emociones, las pasiones y las reflexiones personales del poeta, donde utiliza sus sentimientos (recursos) para legado de la cultura y sociedad en la que le ha tocado vivir; deja constancia de su historia contemporánea. La poesía universal viene sufriendo una serie de transformaciones (movimientos y estilos) y sigue avanzando, al menos hasta este primer cuarto del siglo XXI. Ciñéndonos en exclusividad a los españoles más vigentes, tengo la obligación de citar a un cúmulo extraordinario de poetas, afortunadamente extensísimo, y pido disculpas por la extensión asemejada a cuasi inventario, aunque no con vocación de ello, con los que, por razones de edad, he podido simultanear su obra aún templada: Ángel González, Gil de Biedma, Valente, Brines, Claudio Rodríguez, Gimferrer, Espriu, Guillermo Carnero, Leopoldo María Panero, Max Aub, Ginés de Albareda, Figuera Aymerich, Aquilino Duque, Clara Janés, Blas de Otero, Goytisolo, Julia Uceda, Juaristi, Ana Rosetti, Trapiello, Miguel D'Ors, Caballero Bonald, Quiñones, De Ory, María Victoria Atencia, Román Reyes-Sánchez, Blanca Andreu, Ruiz Amezcua, Benjamín Prado, Felipe Benítez Reyes, Juan José Téllez, Jenaro Talens, Luis García Montero y los otros muchos, muchísimos más, algunos que ya nos dejaron, conjuntamente con esos tantos otros que afortunadamente siguen estando y por mucho tiempo entre nosotros, pero iguales en sus estelas y rasgos que se ven y se notan, cuando no cicatrices, con sus íntimas poéticas sentidas, sus incertidumbres o inmersos en vivenciales jirones, las que con magia y poderío, son capaces de hacernos llegar mucho más lejos de lo que pudieren decir sus palabras impresas. Ellos nos calan, nos arrastran por sus creencias más sublimes, consoladoras o cuando nos lastiman en sus asolamientos y desgarros. La poética actúa así, que para eso es palabra y término a la vez, cuando no hachuela. En muchas ocasiones se disloca lo que debería ser el orden natural de los versos, las propias oraciones e incluso los tiempos verbales, con objeto de lograr ese *polisonío*, como Pepe llama a la sonoridad fonemática de la lírica. Esa resonancia armónica no radica precisamente en su simbolismo, en la melodía del término empleado o el lugar que pueda ocupar dentro de la oración o del verso, sino en la capacidad de concebir el pensamiento. La espontaneidad desde el atrevimiento figurado, cuando no inducido u osado.

El poema, obviamente como parte inclusiva de un texto literario, es el sempiterno olvidadizo de la norma léxica, tanto en los vocablos utilizados como de las propias oraciones que pueden conformar todo o parte del texto referido. El poeta abre sus puertas a donde sus interioridades lo van llevando, algunas veces descubriendo, nunca pretendiendo colonizar, donde encuentra nuevas opciones, apreciaciones y patrones, sin pretender dejar otra constancia que no sea la del uso literario en el momento de estar escribiendo, sin voluntad de perpetuar.

Lejos de un metro, un cartesianismo inexistente, pretende que en el poema conviva una escasa entidad fónica que ayude al sentido que intenta, sin perder las referencias elementales que puedan autentificarlo. Se encuentra más confortable ofreciendo un sentido semiológico y el textual del concepto tratado, mientras va desarrollando el poema. Activar de manera involuntaria y temporal la adrenalina literaria, no deja de ser el fin después de haber olvidado las reglas que ciñen, esas que quitan el corsé, ya que, al tratar de abrirse al método semiótico, no rompe nada de lo previamente establecido cuando se analiza; mantiene intacto el lenguaje en su seducción poética, aunque es cierto que busca más lejos de lo que inicialmente pueda desprenderse con lo orillado en su lectura, reclama alcanzar algo más allá y hay veces que hasta lo encuentra. Definir la evolución y el despliegue en la mente que pueda aportar cada carácter, cada huella recibida, el signo (semiosis).

Cuando me amisté con Pepe en el correr de 1992, comenzó su travesía autodidacta, autodidactismo relativo, al ser muy bien llevado de la mano por la muy floreciente lírica cubana en su exilio neoyorkino y por fortuna sin dejar de crecer y sabiendo evolucionar positivamente, toma esas *Palabras prestadas,* a Pepe le gusta llamar así a todo lo que escribe, por lo aprendido de los que le antecedieron en la simbología estética parnasiana esencialmente, madurez formal de la obra alejada de sensibilidades románticas, reflejando los estados de ánimo y sus individuales entresijos, su alma desvestida, sus sentidos de adentro y los de afuera: realidad, existencia y objetividad en la sustantivación. Intimismo personal, sinestesia, ornamentos adjetivados en su patrimonio léxico donde se sienten y asientan los olores, los sabores y el color y, en su mundo, los sonidos de sus músicas tan particulares, con respuestas emocionales y anímicas, esas que le evocan recuerdos e imágenes, le estimulan afectos y emociones, conexionando todas las gamas de sentimientos imaginables, con el aditamento de sus intangibles, con los que no hay manera de ser infundido.

Él hace hincapié, tomando asiento las tildes muy localizadas, en especial como ápice de sus poemas, sus coronamientos fonológicos con su uso en la grafía o de esos subjuntivos, muy desusados desgraciadamente en la actualidad, que tanto disfruta jugueteando con ellos al manosearlos; el conceptual ideograma, melancolía, tristeza, languidez, vaguedad, sugerencia y esa musicalidad de estética renovada, el tiempo, ese espacio amplio que le reserva a la muerte o lo que pueda ser de ello. «Apropiación de la finitud», con sentido de propiedad, que diría Heidegger. Revela reflexiones que nos pueden llevar a planteamientos epistémicos desde el conocimiento y su emblema que hace del mismo: el sigilo de los hechos. Este enigma nos conduce al método estructuralista que utilizaba el antropólogo Lévi-Strauss, ya que podemos ver el contexto al que pertenece lo expresado en sus cuatro actos esenciales: sinopsis, preludio, desarrollo y los modelos cognitivos, el modelo del armazón, sus orígenes, las raíces, los fundamentos, lo que es el método constitutivo por su naturaleza y no *per accidens* —sin querer—, con su metodología, para rematar con una reflexión o casi siempre una inducción a la posible reflexión que al lector le haya podido incitar lo leído. ¿Alguna similitud con las jarchas de los poetas andalusíes árabes o sefardíes en al-Ándalus? El desafío del tránsito, de ser sujeto a ser objeto de la historia.

La sección liminar, paladeo y agradezco su honestidad y respeto con los preexistentes que descollaron, da lugar a la concepción que tiene Pepe de toda literatura que se puede venir haciendo, comenzando por la suya propia. La singularidad de todo artífice no deja de ser una consecuencia (consternación) de todo lo que le haya podido antelar, trasponiendo esa herencia en la obra creada por el artista; es posible ver muchas de las disciplinas por las que la literatura, la humanidad y el pensamiento han ido caminando; disciplinas en el más amplio sentido literario, lingüístico, filosófico e historiográfico, presentados en sociedad a la vida humana. No obstante, convivimos con otras culturas, por equivocación ajenas, desestimadas y sin interés alguno para la colectividad, donde el punto iniciático del legado para los más jóvenes, los tiempos pretéritos, es vivir el presente, lo que hay por lo que hubo, el aglutinante de lo existido es el hoy que será mañana, el tiempo de las humanidades; el semitismo no fue una inadvertida ráfaga de aire para propagar un púdico aroma. Pepe suele decir, para interpretar esto, que cuando nació, no sabía leer ni escribir ni andar y ahora ya se viene medio defendiendo en estas áreas (dentro de poco, volverá a estar desasistido, le digo yo con cierta jocosidad). Lo realizado tiene siempre unos antecedentes de preceptiva influencia. Le otorga la concepción que él tiene, la hace suya y la hace extensiva a su obra, arrimado a muchos rescoldos y al resguardo de algunas moradas; educando de muchos, parodiador de nadie. Hoy, que no ayer.

No hay sociedad si no existieran los poetas. Lejos de lo que nos pudiera parecer a simple vista, lógicamente los poetas no viven dentro de ampolla alguna; no obstante, chocamos con algunos alambicados destilándose de los que hay que salir eyectado lejos y cuanto antes mejor. Los poetas no lo conocen, el anacoretismo no les interesa, más al contrario, son los permanentes vigías universales que nos van regalando sus observaciones, siempre atentos desde sus personales y bien aproados botalones y bauprés, avizores de aquello que está sucediendo y les va a llegar por la proa. Ventajas al navegar de bolina, zigzagueando vas viendo lo que llega por las dos bordas, no hay que girar la cabeza, solo es cuestión de ir mirando avante, que lo que haya es lo que estás viendo y vas a ver.

Muchas veces nos dejamos embaucar por la bonitura de un verso, las lindezas de una metáfora o por el preciosismo en su más amplia expresión, cuando nada de lo citado hace mejor un poema, un poemario y, menos aún, a un poeta. Querer abrigarse con estos atavíos no deja de ser una manera de estar sobreprotegido, cuando no escondido, o estar en la calígine de un soñador romántico. Dicha y desasosiego pueden convivir pudiendo sentir las caricias de una brisa fresca de la primera o en el desabrimiento de la segunda o sintiendo ambas, que para eso cohabitan entre sí.

El poeta *tiende a* o *tiene que* dominar el oficio en que se inmiscuye. Al poeta lo que más le interesa es profundizar en la razón, la que le lleva a la finalidad de sus trazos; no puede ser considerado como conceptismo o atildadura, que vienen a ser lo mismo. El poeta se angustia y agobia con las palabras, no retoza en ellas. No se trata de ir a la abacería para ver qué palabras frescas tienen hoy a la venta y comprar aquellas que mejor le puedan interesar a ese guisado lírico que intentará hacer el día en cuestión. Son las cosas que lo rodean, las objetividades, las que le aportan los condimentos precisos, en definitiva, el sabor literario y, de ahí, que sean tan desemejantes la sapidez con que degustamos las lecturas de tantos autores que leemos. Todo artista debe inducir, no mostrar y mucho menos forzar, incluyendo a los hiperrealistas. Si tuviese que sintetizar una definición con apenas vocablos, tendría que decir *objetivismo prestidigitador,* una realidad histórica desde la ficción, superposición entre precisión y seducción.

Mucho se encargaron de decirlo los clásicos de la Grecia más floreciente: «La poesía, como toda creación artística, es uno de los pilares de las humanidades. Al emprender los senderos de la emoción, de la sensibilidad y de la imaginación, transmite conocimientos y valores humanos. Aún más, la poesía forma en cuerpo y alma al ser humano… Los filósofos de la antigua Grecia lo subrayaron. A sus ojos, la poesía encarnaba una experiencia de aprendizaje, una cultura general que precedía a cualquier especialización científica o política. Sabían cuán importante era el aprendizaje de Homero y de otros poetas para la formación del espíritu de los jóvenes griegos libres, esto es, los que no eran esclavos ni metecos… La acusación que Platón hizo al poeta en su *República* probablemente tiene que ver tanto con lo que la poesía es como con lo que no podría ser» *(El Correo de la UNESCO, 25* de julio de 2017, Tanella Boni, catedrática en la Universidad Félix Houphouët-Boigny de Abiyán).

En la pureza de la desnudez de este poemario, aparecen sus indisociables lógicas e imprescindibles influencias líricas españolas, sus esencias inicialmente injertadas en su cuerpo, encontrándose en la actualidad biointegradas en él, más los apoyos que ha ido incorporando de Latinoamérica (Urquiza, Mistral, Pizarnik, Lugones Argüello, Olga Orozco, González Prada, Guillén, Ballagas, García Marruz, Gelman y, singularmente, Vallejo y Florit). Deja entrever a los acmeístas que tanta admiración le provocan (Ajmátova, Gumiliov, Mandelstam o Tsvetáyeva). Aprecio pinceladas, puede que demasiado sutiles, de la poética sajona (Graves, Dowson o Keats), junto con la estadounidense (Whitman, Dickinson, Maya Angelou, Sylvia Plath y un poco más de su respetada Glück).

En su parte más esencial, más reflexiva, aborda nuevos cauces de expresión, verbigracia, el verso libre polirítmico y sin rima, aquí quiero ver a un González Prada y el poema en prosa, más bien cuasi una prosa versificada, la naturaleza, ese sueño amatorio, onírico (becqueriano o de Augusto Ferrán), miradas ilusorias en una deseada utopía, el tiempo y la realidad, vestidas de cien ropajes limpios e intrínsecos, candoroso, sagaz e incluso abatido por la fidelidad falsa que nos circunda cuando se quita el ropón y aparece desabrigada e incluso desvestida. Los *collages*, el retruécano, como contraste con la antítesis, la síncopa entremezclada en sus diálogos e incluso el recurso de sentidos contrapuestos, los oxímoron que me han traído a la memoria su uso en algunos de los poemas a San Juan de la Cruz y su *Llama de amor viva,* que en este trabajo de Pepe lo encontramos de vez en cuando, casi con más frecuencia de lo usual; entre otros y a guisa solamente de ejemplo y sin más intencionalidad que un conciso apunte, porque hay más, es en «La luz de tus ojos negros»:

Hubiese querido ir a otras horas,
obligado en los crepúsculos, fui.
En los tiempos de aproximarme,
despavorida entre resplandores,
huía la noche al verte,
tus ojos decrepitan sus penumbras,
amanecen dos luceros,
reverdecen las decadencias del día.
Las bombillas dejaron de ser refulgencias,
los árboles regalaban reberberos,
amaneciste la noche.

En muchos de los poemas, se reconoce un cierto hermetismo y dificultad, propios de una esencia renovadora, no exenta de barroquismo, irónica y, por qué no, algo incluso burlesca. Pareciere que tuviese un hilo gongorino, quizá persuadido por lo que significó a los del 27 y sus influencias malagueñas en la imprenta Sur y la revista *Litoral,* pero no, sigo refiriéndome en concreto a este poemario de Pepe, que para eso estuvimos una tarde gongorizándonos durante una espaciosa pausa a propósito de unos cuantos ejemplares de la revista *Caracola* que cayó en mis manos. Utiliza un lenguaje extraordinariamente rico, sentidos metafóricos, latinismos, americanismos, algunas referencias mitológicas mezcladas con voces vivas y arcaicas, o ese calambur que utiliza en su poema *Porvenir,* y con *por venir,* propios de un estilo *in crescendo,* permítaseme el musical extranjerismo, fervoroso en intensidad a medida que van avanzando los versos; Pepe llega porque avanza.

Coexisten los rasgos más opuestos: una línea tendente al cultismo y un arraigo por lo popular; sibaritismo y trivialidad conviven sin inmutarse, tratando de reírse de sus propias invenciones, cuando no fabulaciones. Decía Guy de Maupassant que «quince versos bastan para garantizar la inmortalidad de un poeta» y en este poemario son frecuentes esos *quince versos;* bien es cierto que ni al leyente ni al propio autor todos los poemas les significan igual de intensos o acertados; influye también el momento, las circunstancias y la animosidad de los dos copartícipes, pero en una obra de esta envergadura necesariamente tienen que convivir todos, a sabiendas de que el conjunto no estará hermanado ni en su índole, carácter e, incluso, jaez. Esto será hoy, que no mañana, ya que muy posiblemente y dentro de un tiempo prudencial, a ambos le evidencien sensaciones dispares a las originalmente apreciadas, pero cofradías de esos maupassianos *quince versos,* en abundancia, se los irán encontrando todos aquellos que leyeren con adecuado esmero este poemario. Ya el argumento de la inmortalidad, de todos es sabido que es cuestión de tiempo, de mucho tiempo y mucha raigambre, y eso está todavía por llegar, sea visto y reconocido; cuestión de lapso y época. Tiene que ser pisado, existen muchos caminos y todos diferentes, lo que no nos puede llevar a pensar que no estemos perdidos ni asenderados en él, tal vez en la trayectoria o por sus derroteros y es por ahí como se llega al hado. Sería deseable y servible para el enriquecimiento de nuestras letras castellanas. Siendo prolijo lo deseo, lo vivifico a ello.

En su día a día, el hodiernismo poetiza la cotidianidad del instante presente en las complejas evocaciones desbrozadas de la ciudad actual, las que existen y las que hay que querer buscar y encontrar. Se encuentran sentimientos irracionales, su visión profusa en el retorcer de sus cuestiones no siempre respondidas, ahondando en profundidades que se nos escapan de nuestra vida diaria. Poesías en el discernimiento metafísico, la que dificulta la esencia del ser, apareciendo dudas e inseguridades, dentro de una poesía hermética que ansía la eternidad conceptual de la conciencia antropogénica. Alianza del universo y sus agentes con el influjo en la colectividad. Crea un mundo semidescubierto para que puedan vivir los hombres que están y, en especial, los que están viniendo y vendrán, como medio de saber la realidad en la que estamos y la que dejaremos. Un idealismo trascendental como, según Kant y Husserl, sería una concepción epistemológica. Buena armonía esta de las matemáticas y el movimiento fenomenológico. ¡Qué bien se llevan!

Un culmen de su esencia, sin rehúso alguno en su desvestimiento y en el transitar de sus interiorizaciones humanas o místicas, realidades y abstracciones, una búsqueda metafísica en su más puro kantismo, hurga en los componentes y principios fundamentales de la realidad, donde está y vive el hombre, *per se,* sin importar lo que pueda ser sentido por los demás, viene a tomar forma y conciencia etnológica actual, de un pasado reciente y sus imbricaciones con esa inmediatez que siempre nos está llegando. Ese anhelo abstracto del poeta, muy lejos de cualquier panteísmo que pudiere figurarse, en su objetividad, hace uso de neologismos y términos que dificultan el lenguaje, pero es el utillaje que concretiza, delinea, su sentido más inefable.

El conjunto es complejo, el de una estanqueidad solamente entornada y casi siempre sin cerrojo, un ver sin mirar o un querer otear sin atisbar, sinónimo de verdad, perfección, belleza y embeleso, el análisis que no suele ocurrir casi nunca, pero es inductor a ese ejercicio del pensar tan deshabituado de alguien que sí se preocupa por estar acechando: apunta, señala, insta y permite. Poemas desde una prosa o pensamientos largos, monólogos con un tema conductor central, más el ajuar de un ornato en verso emancipado y paralelo a la trama, ribeteado con esos encajes y pasamanerías que tan bien señorea. Estos poemas que nos encontramos, como en todas las bellas artes, es la concordancia con lo que es y lo que dice, armonía en su fondo con lo que se arma en su forma; conjunto y diferencia entre canto y letra, cantiga y grafía, opción que se puede cribar. Nos atrae de inicio el señuelo o la afable manera, felizmente, porque si nos repeliera, jamás llegaríamos a la bancada, que no papel, donde se asienta y aferra. Hay que adivinarlo y dolerse cuando lo descubres. El exceso de brillo es la lucecita que nos llama la atención y nos distrae, evitando que veamos lo que se suponía que debiera estar alumbrando y de esa realidad nace en sus poemas el pedaceo, su testimonio descarnado una vez él lo ha biopsiado. Acervo es la carrucha y soga que nos sustenta y permite alcanzar el fondo de pozo, por donde atraviesan los veneros del agua con la que queremos empapar nuestros íntimos poros.

El yo como parte esencial del conjunto de la obra, escritura emancipada de la norma en sus empujones brotados, no discursivos, es la asociación libre del momento físico y anímico con sus ideas; ese es su orden y así están estampados, amparado en la cronología del instante nacido y donde reverberan sus impulsos más secretos y no el señerismo, el tema único que estruja y ata. La secuencia lógica o argumental, el monotema, es algo inexistente en el transcurrir de la obra de Pepe, donde lo desatiende para más tarde volver a retomar uno ya tratado con anterioridad. Con este criterio, su proceso politemático le permite conjugar diferentes visiones y deseos fluidos a su exteriorización, a veces forzados en la carencia de cualquier anhelo, los que le asienten en estos mundos que corren, magnificar su diversificación y no perder nunca de vista al caballo ganador que en esa coyuntura y por ese trance está galopando en la pista.

Todo son cuestiones, para bien o para mal, del sentido de estar, de seguir estando, de existir o de la esencia de las cosas, sus porqués y del seguir queriendo estar (energía). Crea aquello que su conciencia le va dictando u obligando a que vaya tomando nota, está deseoso, sediento, un creador activo necesitado de él. Trabazones, su necesidad connatural de él y en él, la que le posibilita sobrevivir en este maremágnun generalizado y el suyo personalizado, su provocador iniciático apego lírico. Una voluntaria y autónoma sumisión necesitada de la figura de la bienquerencia: ... *una estrella que si no está la robo, / que para eso se ha enamorado de ella / y anda fabricando un globo, / para subir al cielo por ella.*

La poesía es ese género que zarandea los sentidos por medio de la palabra, utilizando para ello el cimbel de la belleza del lenguaje, hurgando en las profundidades de su creatividad y sus recuerdos. La manera, el estilo con el que se expone, es tan importante como la epístola que emite. Dijo Paul Valéry en su *Ego scriptor:* «El poeta no tiene por finalidad comunicar un pensamiento, sino despertar en los demás un estado emocional en el que nazca un pensamiento análogo (pero no idéntico) al suyo. La idea desempeña (tanto en el autor como en los demás) tan solo un papel parcial».

La poesía en Pepe Criado es la vocación subconsciente capaz de ir conduciéndonos hacia lo absoluto. El tiempo y el espacio que nos dibuja es la vida introspectiva, la del yo como concienciación de un freudiano análisis recapitulador de sí mismo; es su más pura sustancia acrisolada, fiel reflejo de un creador en diferentes formas, nacido para ello. Enjareta la vehemencia de un ansia brotada, para, más tarde, ir conformándola mientras va floreciendo y madurando al amparo de su mirada. Una soledad sombría, abrigada por sus manos, arroja frutos de esas primigenias flores que antes hubo. Pegujales de almas escritas sobre piedras nómadas donde asienta la palabra, ausentada de dogmática, esa que antes yació por el suelo. Entre los farallones de las dudas, siempre se encuentra un alma con voluntad de emerger entre luces esperanzadoras. Su poesía, dentro de la más amplia definición como género literario, expresa sus ideas, sus sentimientos y sus historias desde la esteticidad de su lenguaje, valiéndose de aquellos recursos poéticos a su alcance.

Una vez leído lo que me ofreció para tratar de hacer este prólogo, me llamó la atención la ausencia de los manidos *ismos* que por ahí van errando sin pudor alguno. Qué duda cabe la influencia existente en la riquísima lírica preexistida, donde deja entrever un sesgo latinoamericano revitalizado, ambas calificaciones ya aludidas anteriormente. El hecho de no estar uncido a alguna corriente no quiere decir que no se haya estado posado en ella, aunque hubiere sido solamente un lapso o durable, que todo habrá sucedido. Todos somos una influencia y de ella vamos respirando, lo que no implica tener que estar alojado en ella y mucho menos fenecer por ella. Me viene a mi vetusta memoria recordar el monólogo del calderoniano Pedro Crespo, cuando se hubo instalado en Zalamea. ¿Qué credo o influencia puede llevarnos a perder el honor por un estrafalario adocenamiento?

La poesía hispanoamericana se tornó algo lánguida cuando pretendía seguir los rumbos románticos por su tendencia a la más clásica objetividad y perfección, en su más amplia gradación, previamente establecida por los neoclásicos. Fue Rubén Darío quien rompió con esa línea finisecular existente desde siempre, con honrosas excepciones como suele ocurrir, dándole unos nuevos trazos impensables hasta ese entonces. Luego, y sin saber aún la razón, volvió a entumecerse con la tendencia por él marcada y no fue hasta la llegada de otros poetas disruptores, cuando cada uno de ellos y todos con las influencias que les hubieren podido llegar, se crea una corriente personalista. Los consolidados siempre están ahí y si bien Juan Ramón Jiménez pudo terciar en la obra de Altolaguirre y Eugenio Florit (poeta al que precisamente tuve la oportunidad y prerrogativa de estar y poder conversar con él a través de Pepe Criado), no es menos cierta la contribución de Gabriela Mistral en los perdurables Pablo Neruda y Octavio Paz, avistados todos ellos y en alguna medida no siempre manifiesta, en el trabajo exhibido, con el imprescindible resorte de la generación del 27 y los trascendentales de los 50, 80 e incluso la coetánea, a ambas orillas del océano Atlántico. La poesía, de ida y vuelta, que viene llegando a y desde España e Hispanoamérica.

En Pepe Criado se aprecia una fluidez amplia por los vericuetos que suelen merodear el pensar de sus inquietudes. Su humanismo, la sociedad en la que estamos inmersos, cuando no abismados, los siempre flemáticos cambios sociales, muchos de ellos para peor, se dejan ver en su sentir, posicionándose en el epicentro de su obra. No es ajeno a los problemas socioeconómicos y castraciones culturales del momento en que vivimos, y su sensibilidad ampliamente demostrada le hace tener que destapar sus más intrínsecas nervaturas, más allá de los silencios de verdades enterradas, con el aditamento de la plomiza pedagogía que nos quieren inculcar bajo el disfraz del vituperio que nos viene encima. La razón que se inhuma.

La inquietud que subyace en la poética vallejiana, incluyendo las inercias del propio autor y considerando el ascendente de Manuel González Prada, las indisociables agarraderas de Eugenio Florit y, por ende, la omnipresencia obra juanramoniana más la muy cercana de Altolaguirre o Cernuda en cualquiera de sus ámbitos incluyendo el coterráneo, hacen que el trabajo de Pepe fluya de manera natural, lejos de las banderías que quieren atosigar a todo el que no esté adscrito a algo o a alguien: su independencia, otra cosa más a su favor. En el epígrafe, que no prólogo, de *Los heraldos negros* (Ed. Perú Nuevo, Lima, 1961), Cesar Vallejo dice: «*Qui potest capere capiat*» —Quien pueda entender que entienda—, palabras tomadas del Evangelio, él solía llamarlo así. Estos fenómenos distintos que persisten a lo largo de la poética de Pepe Criado vienen marcados por los ojos con los que él fisga al mundo y es verdad que lo vigila y además lo ve, con el añadido de su inquebrantable valor por la libertad del ser humano en el más amplio sentido posible. Su panóptica mirada le viene dada de sus propias vivencias e inquietudes, ubicando su punto de visión en su interior más sincero y hondo, tallando desde allí la prospección que le es mostrada.

Pepe tiene fe en los interiores de sus silencios, masculla por entre los dinteles de sus trascendencias, su axioma humano, que busca en la esencialidad latente bajo la realidad de cada momento o circunstancia y su clamor afanoso por lo lamentablemente utópico de la realidad que va observando, siendo un anhelo, cuando no una fábula para la distrofia terrenal. Frustraciones, desencanto y fiasco con los que nos enaguachan y salimos chorreando. Cuando el discurso es tácito, la voz omitida como mensaje, inidentificable sigilo, podemos encontrarlo en el poema «De esos silencios».

El hablante eligió el silencio como medio,
puntos suspensivos que mejoran el vocablo,
no omiten, otorgan,
silencios explícitos,
pausas, tiempos,
epígrafe enérgico solemnemente demorado,
intentaba expresar mi disconformidad,

se habían dicho cosas equivocadas,
inciertas, intencionadamente inexactas.

La palabra escrita mutada en verso nos muestra al más existencial Pepe Criado, muchas veces excedido por sus inercias. Se rebasa a sí mismo, tratando de conciliar pensamiento y emoción de aquellas cosas que le hieren. La poesía en él tiene que henchirse y se colma en lo absoluto; su capacidad está en la humanidad y es ahí donde la busca y a quien la dirige. Vive en su inquebrantable prisión y es en sus aislamientos donde él repite una y otra vez aquello que siente afuera, hasta que logra cincelar en su memoria o abocetarlo en un papel, esos sentimientos suyos esgrimidos desde su personal cobijo.

Parafraseándolo, a Pepe demasiadas cosas le duelen demasiado. Justificamos lo que nos rodea, incluso engatusando nuestro propio ego. Esta maniobra está más generalizada de lo que podemos imaginar, en ocasiones, como sucede con los farisaicos buenismos o las multitudes de *lobbies* y grupos de cabildeo, esos que no pretenden hacerse con el poder, sino influirlo para la conquista de sus particulares beneficios lucrativos, doctrinales y morales, así como sus elitistas autocomplacencias. Los sumandos de dolor más dolor tienen como resultado el desamparo que se llora y machaca. Debería servir el consuelo para aliviar la pena de quienes lo obtienen y un regalo para quien lo da, pero lejos de ser una receta o una certidumbre, encuentra su lugar en la falsedad. Son muchas las personas que se sienten incapacitadas para asumir el sufrimiento propio o el de los demás, sin pararse en tratar de escucharse a ellos mismos o al otro, pero sin juzgar y, mucho menos, sentenciar. Hacerles ver que sí nos importa. ¿Dónde está el refugio o ese abrazo o el sencillo apretón de manos que alivia? ¿Seremos realmente unos incapacitados temporales? Si el presente es tan fugaz como lo venimos viviendo, habrá que intentar hacer lo más y mejor posible en el poco momento que se nos presenta, si es que queremos aportar algo para ese futuro que es un instante después del ahora mismo. Con estos poemas no se arregla el mundo, pero lo mira cara a cara con gran desparpajo, aunque aturdiéndose.

A Pepe le lastima, le duele el alma; podemos leerlo y hasta sentirlo muchas veces; leámoslo y sírvanos como pauta para ello su poema «Anduve el camino». A pesar del dolor, quiere ver el símbolo que renueva y da ilusión. Desea ver las primaveras, sentir las floraciones que marcan otros ciclos que van viniendo, comenzar un tiempo nuevo y postergar lo ajado. Aunque tarde en crecer, quiere renacer.

Un trino cansado, indolente,
un viaje exhausto, desorientado,
un sextante de palo, sin visor ni graduado.
Dejado de ir, yendo a ningún sitio,
el viento como rotor,
los surcos como caminos,
largos, estrechos y embarrados.

*****

Un caramillo de hueso,
por aquella supuesta luna encriptada
galopaba entre las rocas,
¡alas para subir solas!,
notas de luces en el enclaustramiento,
oyendo bullicios de silencios y un pájaro.
Quiso parecerme ver una esquina y doblar.

Entre bastidores y dependiendo del momento en el que se le aparece la necesidad de plasmar su sentir, no necesariamente está siempre condicionado por los pesares que nos rodean, encuentra el tiempo por los que granan afectos y cariños, que también lo circundan y en los que afortunadamente vive atrapado. Un personal concepto de la vida, siempre cuestionada, lejos de los tópicos decadentistas con el simbolismo, como fructífero resultado de esa copela cultural mediterránea a la que ha sabido condimentar con lo dicho y escrito en esta parte americana del Atlántico. En su obra, aunque está, no es fácil apreciar filiaciones con respecto a inquietudes, evocando sugerencias por donde él va señalando las verdades que deberían estar consolidadas. Una de sus estrofas, por sí sola, es suficiente para hacernos cavilar una tarde entera. Ubica al posible leedor *in medias res* —en mitad del asunto—, el poeta escribe desde sus entresijos y sitúa al leyente, lo va embutiendo en la trama, cuando no en el enredo; sin querer, poco a poco va entrando en materia. Resulta necesario realizar un análisis de lo ofrecido por el autor, donde el aislamiento social nos invita al desasosiego. La desigualdad social muy bien aceptada por el poder socioeconómico lo aproxima incluso a ese malditismo de Verlaine en su ensayo *Les poètes maudits* (1884), una estampa de las desigualdades sociales y favoritismos específicos que Pepe retrata con magisterio.

La *crudelitas* latina —la crueldad—, la impiedad del ser humano, la inhumanidad, la tropelía legalizada, deja de ser el placer de presenciar o incluso simplemente saber el sufrimiento ajeno sin sentirse concernido y, además, con cierto aplacimiento. No es exclusivamente el deleite del goce ante el dolor o la pena de otro, es la ausencia de empatizar con los demás. No hay crueldad sin conciencia, como subrayaba Antonin Artaud, «la crueldad obliga a ver más allá de la mirada», actúa de forma voluntaria y sin remordimiento, un desalmado en sí mismo. Este crudo planteamiento, más real de lo que nos pudiere parecer, lo podemos encontrar en otro de los poemas, «Recientemente hoy», aquí incluido.

> *Este año no es el que vivo,*
> *el año pasado ya fue*
> *y el año que viene no ha llegado.*
> *Cada vez más perdido*
> *en estos espacios calmos y ajetreados*
> *de casi nada, muy vacíos y saciados,*
> *siquiera el día que hay algo de brisa,*
> *quiere ser céfiro.*
> *¿Para qué?*
> *Si todo es falso o, cuando poco, mentira.*

Los versos ofrecidos, sumamente innovadores a sus figuraciones y su particular visión intrínseca de las realidades, le persuaden a detectar diferentes líneas de pensamiento inductoras a nuevos avances. En su obra, se ratifica su capacidad creativa por donde estimó oportuno perderse en lo por él exhortado. Sus versos se ven en la obligación de convivir con las realidades de las negruras y, al mismo tiempo, las felicidades que existen y afortunadamente nos afectan. Tiene el impulso de la ventura en su personal sino y bienestar, atemperando esta dicha con la sana y generosa felicidad deseada para los demás. Nos deja entrever algo sobre lo aludido, pautándolo por entre sus pasionales avideces y sentimientos, su «Un beso singular»:

Déjame tocar tu piel,
un roce tuyo,
esencia de tus adentros
y si confluyes con tu ánimo,
regálame tu alma o te la inventas,
pero que venga de ti,
igual que tu beso,
tropiézate en mí acaso.

Las albas llegan todos los días, a diario abren las puertas y entre resplandores también van llegando ilusiones positivas. El amor, el eterno amante, su sempiterno enamoramiento de sus más cercanos. Pepe, de la misma forma que se desangra por lo que le aflige y lacera, se delata y deleita entre los recovecos del amor y espiritualidad, desligado de cualquier arrebato místico. Su búsqueda de lo que necesita, amar y ser amado, muy lejos de esa vida deshabitada que en muchos de sus poemas nos puede llevar a engaño, es ante nada esa persona de alma grande y sensible, abierta a lo que le rodea, amparándose en el reclamo de un libro abierto como nos dibuja en «El viejo poeta», otro de sus poemas que podemos encontrar. Hacer una reflexión acerca de la vida y, además, vivirla plenamente nos aligerará el camino para los retos de cada día con el adecuado aliento y arresto.

Recurre al amor, el que llega después del enamoramiento, el del deseo inflamable como finalidad, ardoroso, mesurado y desmedido, aunque convive con otros amorres irreemplazables: el paterno filial, la amistad y algunos más, siempre vigorosos, no demasiados abundantes en estos tiempos que nos han tocado estar. Luchar por conseguir el bienestar propio es querer tener paz; nada que ver con el egoísmo. Hay que saber las cosas y personas por las que merecen la pena afanarse hasta la última gota de nuestro aliento, antes de caer exánime. Luchar para estar con quienes amamos. Un apunte de ese amor buscado y encontrado nos lo retrata fervorosamente en «Cántico de esos besos». Sin ambages, la fogosidad vehemente que se besa en el fustigo de la ardentía.

Sabía del color de tus besos,

conocía el sabor de tu alma,
resarcía el sexo ese beso tuyo,
ese íntimo, el del arrobo.

Cada beso, una mueca marcada,
arrastrado a enamorarme de ti,
almacenaba en el tiempo mío
a mi vida detenida; me llevaban.

Tus besos enseñaban a los míos,
esos que también besaban mi memoria,
ese del lamento que no se dio,
el que se repite en mi interior.

Besos para enmarcar,
nacidos para ser regalados,
esa intención codiciada,
esos labios engarzados.

Pepe utiliza sus insomnios creadores. Allí encuentra el momento para esbozar lo que le va llegando, siempre con altibajos, de ese día ya vencido. En «Un libro, un vaso, nada», uno de los poemas del libro *Las horas muertas* de José Manuel Caballero Bonald, hay un reflejo en la tranquilidad de ese duermevela: «Todas las noches dejo / mi soledad entre los libros, abro / la puerta a los oráculos / quemo mi alma con el fuego / del salmista // Qué contraria / voluntad de peligro me desvela, / quiebra la vigilante / sed de vivir de mi palabra».

Nada se puede encontrar si previamente no existe la intención de buscar. En sus poemas, Pepe marcará su tropismo humanista, la sensación expoliada en la que vive el ser humano, llevándolo a la modulación angustiada del salmo, de ese paraíso idílico de la eterna tierra prometida, muchas veces cristalizada en los espirituales negros adaptados en himnos por trabajadores subyugados o segregados, cuando no excluidos o en cante flamenco que Pepe ha intentado que yo comprendiera, sin haberlo logrado; es demasiada su complejidad para comenzar a esta edad en la que me encuentro. Lo intrincado de comprender un alma es poco menos que imposible. Me intenta decir que es la pena expresada por quienes la sufren y no conocen otra forma de desahogo, locución y testimonio; la sonoridad como medio y el fonio como unidad de medida, al igual que tantas otras músicas raciales, con sus singularidades, como también sucede con el *jazz*, el *blues* o el *soul*, exteriorización de cultura y vindicación de lo sufrido. No es una apreciación, es un sentir internalizado que lo sacan afuera de esa forma, de la única forma que saben, pueden y les dejan. Suele decir mi paisano Alejandro Jodorowsky: «Lo que doy me lo doy. Lo que no doy me lo quito. Nada para mí que no sea para los demás». Frecuentemente, en demasía, tienen que tejer la trama y el armazón con yute, sisal y alambre de púa. Hace ya tiempo pude leer y lo he leído varias veces, no sé dónde ni a quién, que lo de tener un hijo, plantar un árbol y escribir un libro era tarea fácil. Lo difícil era criar al niño, hacer crecer al árbol plantado y que alguien llegara a leer ese libro editado; no es baladí.

Es sabido, y nadie sospecha lo contrario, que, dentro de la literatura, la poesía ocupa desde siempre el peldaño más alto y de mayor tamaño, pero, al mismo tiempo, hoy es algo inexistente, no cuenta con el beneplácito de los lectores, es la eternamente ignorada y lamentablemente una gran desconocida, más allá de cuatro autores y casi ninguna de sus obras o en su totalidad leídas. El único consuelo es el hecho de pertenecer a ese limitado grupo de las Artes, así, en mayúscula, relevantes, lo que no quiere decir necesariamente que sea para las élites, sino algo que precisa de los apoyos necesarios como cualquier otro acto cultural y, más concretamente, este género literario. La dualidad habitual-selecto referida a la cultura en la actualidad, desde la intencionalidad, se ha preocupado de fantasear contornos insalvables y diametralmente opuestos, y la poesía no está eximida de estas asechanzas. El dilema entre sosiego e inquietud está servido.

En el trance que se desencadena de la acción lectora de estos poemas, difícilmente puede desprenderse un embaucamiento gallardo, más o menos amigable, amoroso o pastoricio, en definitiva, alguna similitud al amaneramiento de las tan trilladas líricas muy al alcance de nuestras manos. Desde la segunda mitad del siglo XX, se iniciaron nuevas concepciones de la poesía. Los poetas, y muy en especial los del presente siglo, quieren abarcar a más público sin prescindir de la vital intelectualidad. Lo no mucho que hay de placidez lograda hay que mantenerlo, pero, mientras tanto, hay que moverse de manera que se vayan abriendo nuevas líneas y travesías.

En su caminar, la poesía ha dejado de ser exclusivamente unas palabras escritas alrededor de un metro y unas rimas, reglas estrictas, yendo más lejos y prescindiendo de los corsés ascendientes. La tecnología ha tenido mucho que ver en ello. Ahora, además de escribirlo, está bien vista una *performance* que la abrace con elementos musicales y orales, lo que no deja de ser la misma palabra escrita con el añadido de la sensación auditiva del sonido, la voz, el arropamiento de sonidos armónicos y, si se pudiesen incorporar los visuales, mejor aún. Las modas, la fama y el presupuesto influyen. El *spoken word y poetry out loud* —leer poesía en voz alta— ayuda a concentrarse, a meterse entre la palabra asentada en el papel; es ser más que un simple secante que absorbe la tinta escrita, te inmiscuye e interpone en lo que está allí puesto, porque así lo quiso poner quien lo escribió y en ese momento. En definitiva, es la oralidad el elemento relevante, aunque sea sin audiencia, simplemente en la intimidad es suficiente. Estas formas vienen a decirnos los caminos de la contemporaneidad poética, el poema tiene que ser interpretado y por encontrar un paralelismo muy real, en este caso referido a la dramaturgia, no es lo mismo leer en silencio una obra de teatro que en voz alta, y mucho más si cabe, asistir a su representación teatral.

Las antiguas tablillas de arcilla que se escribían en Irak y Siria, estamos hablando de unos 4.000 o 5.000 años, se decía literalmente para leerlas *gritar* o *escuchar*. «Escucha esta tablilla. En caso de ser apropiado, procura que la escuche el rey». En muy raras ocasiones se advertía que fuese leída mirar en silencio. El asiriólogo Dominique Charpin, en su obra *Reading and Writing in Babylon* (Ed. Harvard University Press, 2011), hace una cita de un escriba llamado Hulalum, que dice leer en silencio, a toda prisa, para ir más rápido. Se desprende que Hulalum, pasaba de ver en silencio, a escucharse, leyendo en voz alta, en función de las necesidades retentivas que precisara el texto leído.

Salvando el mesopotámico apunte anterior sobre la conveniencia de leer en voz alta y volviendo al poemario, puede deducirse en el todo de esta obra una vida inmersa en desorientaciones, desamparo, cuando no en privaciones o quebrantos, todo ello impuesto por la visión y perspectiva del poeta. Un trasmundo a la vuelta de la esquina, del que escapan muy pocos y se precipitan muchos. Vaga por los derroteros trillados de almas en pena, dibujando el paisaje en decadencia, por donde van aflorando cascotes y despojos; lo que va quedando, una casquería impuesta, conviviendo con el positivismo de sus ilusiones, que con facilidad se pueden distinguir y se puede leer.

Su personalidad literaria y humana se asoma en el pasar de las páginas que conforman este poemario, pensado en su decisión y ofrecido a Ariel, su galga albahía, haciendo hincapié desde el titular con el que ha querido ofrendar a su cándida lebrel compañera inseparable de estos últimos años.

Los irrecobrables días que compartimos en este trozo de América, temporalmente prestado a los dos, toman sentido en todo el equipaje que Pepe Criado lleva asido a la piel de la persona que es y que tantas veces he tenido la ocasión de compartir espacios, tiempos de café y conversación. Mi privilegio quiero hacerlo extensible a sus posibles lectores, a quienes desde aquí emplazo a que compartamos las liturgias y cavilaciones de la lírica que hay en Pepe Criado. Hay tarea.

EUSEBIO GOÇÁLVEZ-RUANO

I

UNA FORMA DE SENTIR

Intenté pasar de largo,
ya te había visto varios días antes,
quería que no te dieras cuenta,
que no me mirases,
que tus ojos no se posasen en los míos;
no sabría aguantar tu mirada
venida desde tus infinitos.

Sabiendo que no lo era,
tenía un sentido tuyo, de pertenencia,
era falso y lo sabía,
no podía contener mis sentimientos,
era superior a mis fuerzas;
en tu halo, era tocar el cielo,
estar en la enjundia tuya.

Mi intimidad alterada,
surgían misterios y desánimos,
la compañía de un café y un silencio,
roto en los tronares de pensamientos.
Aparecían luces viniendo de ti,
acudían de muy lejos,
quería estar contigo.

Las fantasías sin bridas,
el desboque en que vivía,
siempre estabas tú
y yo pidiendo un beso tuyo.

Tu pausado estar dentro de la caricia,
me habría encantado estregarte.

Aspiro,
admiro los tiempos imaginados juntos,
quédate un tiempo más,
y si quieres, dame otro beso,
quédate en este espacio nuestro ausente
compartido en secreto,
mientras nos quede algo de trecho.

En la súplica idealizada de ti,
imaginé tener tus manos entre las mías;
las besé.
Sin ti, el sueño fue despierto,
no me lo creía,
pasé de puntillas a mi cuarto,
vi tu cara reposada en mi almohada,
tú no estabas y dormíamos juntos.

Quería dormirme pronto,
no fuese que yo despertara
y supiera que nada era cierto.

Al menos así,
yo sí te tenía.

II

ALZHEIMER

En su olvido plácido
desconocía a los allegados,
reconocía a los desconocidos.
Los dedos de sus manos eran sus amigos
y los haces de sol su canto.

Vivir en la felicidad
de no notar nada,
flotando en el momento de sí,
sin saberlo,
viendo aires vacíos
llenos de ausencias.
Dichoso, contento de no recordar nada.

¿Onírico?
No se acuerda,
era feliz.

III

LIBERTAD

Si hemos llegado hasta aquí,
los vivos estamos obligados
con aquellos que estuvieron antes
y con los que nos sucederán.
La fuerza que subyugare vidas.

Que el astil de la chapulina sea de olivo.
Tiene que durar para muchas generaciones.
Luminarias no alumbran,
cintilan para nadie o unos pocos.
La labranza a la sombra está esperando.

Levitando,
atado a la conjetura
de la avara música que machaca.
Sometido al escalpelo,
sin célula para biopsiar.

En los litorales de los pensamientos,
acuden al reclamo de voces,
nos llegan, las mentes atienden esperando
el almocafre hendido en las sienes,
aguarda para humillar.

La palabra que el poeta buscaba,
el idilio abría la flor y la listada abeja
de esa afinidad que se diera.
Era la única voz fresca;
podía entrar en el santuario de la savia.

Y no la oían,
pero estaba y era ella.

Sí, en el atrio del templo y en la sombra de la ciudadela
he visto a los más libres de vosotros llevar su libertad
como un yugo y como unas manillas.

(Capítulo XV, «De la libertad», El Profeta (Ed. Orión, México, 1972)

GIBRAN KHALIL GIBRAN

IV

ETOPEYA ÍNTIMA

Mi padre, como todos los días de verano,
por las tardes regaba los arriates,
el ocaso se acostaba lavado,
a la luna las legañas le quitaba.
Después del aseo,
los anocheceres olían a limpio
y entre ellas se enseñoreaba la dama de noche
en su tempo, conversando al fresco
en los verdores de albahacas y azucenas blancas.

Las aneas mecían historias,
el botijo con su mecanismo
echaba a andar el barro, hacía su trabajo,
unos besos de uva moscatel y queso
o unas fuentes de chumbos pelados.
Las calores habían sido cansinas, harta en su rutina.
En el relente era el rocío lo triunfante,
un cuento intenso declamado,
un *al sereno* en el fresco.

Nada de esto lo vivo,
todo esto lo recuerdo,
de cuando esos días en los que fui niño,
abría de par en par los ojos, oyendo a mi padre
la historia de su vida,
la que idealizo yo con cosas inventadas,
desde siempre intentaba hacerlas mías,
es la herencia que me pudo dejar,
después de haberse ido, antes de cumplir yo la mocedad.

Después de demasiados tantos años,
ahora soy yo quien riego,
suponiendo o inventando como él lo haría,
y en el riego, refresco a mi familia.
Charlando con él,
siguen viniendo a verme la dama de noche,
la albahaca, las azucenas y los nardos;
el botijo sigue sudando
y las sillas de aneas, vacías, retrepadas esperando.

La lechuza de toda la vida
sigue atenta en su palo de la luz,
mirando lo que pienso,
la luna le alumbra el espacio y, en su descaro,
me refresca las cosas que ya no me acuerdo,
ella era buena amiga de mi padre,
me ayuda a seguir soñando,
yendo a acompañarle agarrado a su mano,
pensando en rumores de susurros relegados.

Mientras lavaba el ocaso,
echaba un rato con mi padre.
Las calores del verano me traían una vida
que un día de hace muchos años viví
y hoy me parece que aún recuerdo algo.
Tengo otra dama de noche,
otra albahaca, otra azucena y algún nardo,
pero hay cosas que no he podido volver a tener:
ni a la lechuza que estaba allí ni a mi padre.

Oigo voces que me dicen «papá»,
las mismas que yo en un tiempo corto hube dicho,
aprieto las manos, siento que las agarro
y aprieto más los ojos para agarrarlas más enérgico;
las dos manos apretadas las uno

y ellos se agarran entre sí las suyas,
se van de paseo.
En sus alejamientos, mis embustes
yo los veo en mi anhelo inventado.

El onomatopéyico ulular de alguna lechuza oía,
ojalá también lo oyera.
Los momentos son los mismos
Si él los viviera...
Después de beber agua fresca del botijo,
de los aromas a dama de noche, albahaca y nardo,
con la albariza azucena, cierro mucho los párpados
y los veo y los miro.
Cuando riego, me impregno de ellos.

Los frescores de rocío y los recuerdos
me dan frío,
me acurruco en mi pellejo
y paseo conmigo.
Vamos lejos,
sentados en la yerba conversamos,
estaba conociendo a sus nietos.
Los miraba despacio,
vivíamos nuestros sueños embusteros.

En la idealizada etopeya
éramos humanos abrazados.
Se hubo acabado la caricia de la cuartilla,
mi padre estaba muerto y mis hijos lejos,
pero yo cada día
me cuento el mismo cuento,
mientras riego,
huelo y bebo,
echamos un rato juntos.

Me refresco.
Mi madre,
con ojos de no sé qué
y desde donde no se sabe dónde,
me mira a mí
y desde allí
también ve a mis hijos,
los dos otra vez juntos,
ven crecer a sus nietos.

Entre ausencias y engaños
de mentirijillas inventadas,
vivo mis sueños.
Mis verdades como puño,
y a pesar de mi realidad,
seducido de iluso
hasta yo me las creo.
¿Algo que objetar?
Evidencias.

V

UNA MARTINGALA LLAMADA LUZ

Me asomé donde vivía el vértigo,
donde no saben convivir la penumbra y la luz,
y la dueña es la calígine borrosa.
Avecindado allí y sin pretil,
entendí la existencia de la refulgencia
en ausencia de claridad,
siquiera una sombra.
La luz, una rareza,
un invento, eliminar lo natural,
luces ausentes,
afloradas para que se vea,
protagónico.

Candela, candil, fanal o vela
todo es artificial;
tiene que orbitar la tierra para que amanezca
y el sol tiene que desperezarse,
a manotazos, salir de su trinchera,
abrirse camino y hacerse notar;
si no, ni eso.
Los árboles más fuertes y longevos
tienen sus raíces muy adentro,
por donde frecuentan los profundos.

Religiones para conversos y fanáticos
van poniéndoles baterías a sus linternas,
lucernarios a sus templos.
¡Y se hizo la luz!

He aquí el milagro
—el relámpago, Saulo deslumbrado—,
hubo de hacerlo
en los dogmas de los creyentes,
para no quedarse sin credo
ni clientela.
Luciérnagas para que sean vistas,
igual que, por la noche, los faros de los coches.

El cero absoluto y los agujeros negros,
epicentros de la verdad.
Los luceros y estrellas
esperan a la oscuridad para poder ser vistos.
El sol pleno y los destellos deslumbran,
impiden que se puedan ver.
La soledad no deseada
existe mientras hay luz,
en la noche duermen las ausencias del día.
Insalubridad que se explaya en la claridad,
la que la noche, en su letargo, apacigua.

El color está en el negro.

Con el fin de que la luz brille intensamente,
la oscuridad debe de estar presente.

Francis Bacon

VI

ESTABA ALLÍ ANOTADO

¿Por qué un vacío de valores?
¿Por qué un alivio de ausencias?
El vuelo fue largo hasta no ver,
no oye lo lejos ni lo próximo.
Callado.

Un carmesí de un barco que no llega
abarloado con él mismo,
irisado, la roca sola en el agua,
sin mojarse en su raída cima.
Arrullo.

Sin dormir y con los ojos abiertos,
al menos no me estaba enterando.
Quise expresar mi particular filosofía
y en el privilegio no pude hacerlo.
Constelaciones.

Las paredes de pizarra las fui enjalbegando,
para no darme cuenta, la boca hermética,
la palabra soñada no aparecía.
Nadé alumbrado en mares, eran noctilucas.
Navegaban.

El libro fue tomando vida,
entre manoseos, se iba abriendo camino,
silenciado el verso, miró despacio;
algunos libros pueden contener sorpresas.
Arraigan.

El terral arrastró un libro a mis manos,
habla de palabras secas en silencio,
callaba cosas escritas en sus páginas;
un quinqué alumbraba lo anotado.
Subrepticio.

La mariposa, llena de polen, se posó adentro;
resbalando, lo estuvo leyendo.
Migró lejos y narró lo leído, estaba contenta,
hubo mantenido sus impalpables escamas y mutó.
Teoría del caos.

Me gustaba estar leyendo discreto,
alejado y abstraído,
el Universo sigue su paso.
Descifro.

VII

HERIR AL POETA

Era poesía,
tenía que transgredir
la norma no definida,
no impuesta,
quebrantar el precepto.

Una síntesis,
la palabra vuela,
la vida, efímera como ella.
Intenso, el decir algo,
lo dicho, una evocación.

Poesía,
¿un bando?
Mejor no escribir nada
o mejor en una hoja de aire
escrita con tinta etérea.

¿Sujeto, verbo y predicado?
Una pérdida de tiempo,
vino lejos, sonrieron las estrellas,
ir al centro, que desvele,
del paraíso, llegó una fantasía.

Un pensar,
una elipsis
entre la niebla,
un descubrir lo oculto,
reconstruir lo implícito.

Una línea de soslayo con la realidad
dejaba a la vida un vacío en su sentido.
Aferrados el zéjel, el romance y la jácara,
los hilos de la ilusión armónica;
grafías y eufonías.

¿Expresarían?
El vocablo siempre está,
y si no está,
lo robo o lo invento.
¡Por eso es poesía!

Lo poético es la santa claridad con que los poetas
hablan entre tinieblas de las cosas más oscuras.

RAÚL DE CARVALHO

VIII

LARGA ESPERA

Ya me he muerto,
tú tienes que seguir.
Vive y sé feliz,
atesora,
haz tu vida,
ásete a ella.

Un muerto ya es suficiente,
los que nos hayamos ido,
que no seamos dos;
sería un sinsentido.

No sé dónde,
puede que por cualquier sitio,
sumido en la dilación,
allí te estaré esperando.

Siempre.

IX

RECIENTEMENTE HOY

Este año no es el que vivo,
el año pasado ya fue
y el año que viene aún no ha venido.
Cada vez más perdido
en estos espacios calmos y ajetreados
de casi nada, muy vacíos y saciados,
siquiera el día que hay algo de brisa,
quiere ser céfiro.
¿Para qué?
Si todo es falso o, cuando poco, mentira.

La estela condensada de un avión
pasó muy alto,
y mucho más bajo un pájaro.
El avión siguió,
el pájaro se posó en un palo quemado
y me miró.
¿Qué se estaría preguntando,
si apenas quedaba nadie?

De un olivo que aún estaba,
cayó su última hoja,
y de una encina seca
pendía tartamudeando una bellota negra.
Aparte de eso y el pájaro en su sorpresa,
también estaba yo;
no sé para qué ni hasta cuándo.
Las piedras se habían marchitado.

Una vez el pájaro se hubo ido a algún sitio,
el olivo deshojado y la bellota acostada en la tierra,
miré a mi alrededor,
apenas quedaba aire que respirar.
De un tronco acostado, como seña de haber sido árbol,
levitando, subía algo parecido a vaho tiznado,
eran lloros de sus detritus migrando,
el final era yo mismo, conmigo y moléculas de polvo.

Pávido y yerto, me fui alejando.
Estar a solas conmigo,
mi cuerpo confuso,
sin mano ofrecida ni a quien ofrecer,
la quietud estancada de lo inane,
ausencia de cualquier sombra,
lo oscuro, abandonado de luz,
pelusas de polvareda, daba pánico.

Traté de pensar en alguna cosa,
algo, algún hecho acontecido;
en el sendero borroso que allí había
me quedé parado, recordando olvidos.
Había un clavo oxidado
y yo mismo.
Algo estaba pasando,
ya no me acuerdo.

Avecindado con nada,
me fui yendo.
No tenía seguridad de que fuese aún hoy,
quizá mañana,
acaso otro día.
Suplantar la indiferencia.
Lo peor de todo es que luego,
una vez más, amanecería de nuevo.

No sé para qué.
Ese otro día voy a hacer otro poema,
en asonancia a este
de hoy que estoy haciendo.
Diré que es nuevo,
otra patraña,
como todos los días,
sucedido el evento.

Con otro nombre, la misma efeméride,
y en primera página,
paparruchadas.

X

PORVENIR

El horizonte que está ahí,
ese al que te acercas y se aleja,
la línea que está y nunca llega.
Luego está el porvenir,
ese que siempre se ronda y no alcanzas,
el momento del que hablan y no dicen nada.

¿Cómo será la coyuntura?
¿Habré cambiado mucho?
La veo muy lejos, está *por venir*.

Seguramente, y así, sucesivamente.
Retruécano, sinécdoque, metonimia,
es retórica misteriosa,
sin remedio, palabrerías, ripio,
van siguiendo
y no comparece; algún alarido.

Me cansé de buscarte, horizonte,
me cansé de esperarte, destino,
mis piernas son astiles rotos,
mi esfuerzo es el agobio.
Sentado en la piedra de siempre,
en la espera difusa del olvido.

La flor ardida,
la noche astuta,
deshecha y desnuda,

la fisura era en la arista.
La música que no sonaba
eran desgarros abiertos.

La luna se tapa la cara
para no ver por las noches,
está horrorizada.

Tal vez mañana,
u otro día, huido en corceles frisones,
ni se oye piafar por la arena ni ollar por los aires.
Cuando tardea,
el ahora es nunca.
El porvenir no viene, se aleja.

Como si no pasara
y tú no hubieses podido.
Pretextos, utopías,
la respuesta está en la metáfora,
cuando no en el trile.

La utopía está en el horizonte. Me acerco dos pasos,
ella se aleja dos pasos y el horizonte se desplaza diez pasos más allá.
¿Entonces para qué sirve la utopía?
Para eso: sirve para caminar.

FERNANDO BIRRI

XI

SOLEDAD

Ser pájaro sin aire
o ser pez sin agua,
vivir en compañía
y comer solo todos los días.

La indigencia del convivir,
el bullicio de la soledad,
vivir sin el alguien,
un temor a existir.

Veía el cine sin ir,
bailaba sin menearme,
con mi eco discutía.
La tormenta era seca,
no aportaba humedad,
solo mis lágrimas fluían.
Pasé mucho tiempo en la jaula,
se abrieron las puertas de par en par,
miré en mi derredor,
volví a entornarlas.
Dentro tenía una caña, alpiste y agua.

Al existir, sentía la vida,
estaba conectado a ella,
vivía en el recelo de un reclamo,
un miedo a interrumpirme.

Me llevaba de mí
acompañándome solo,
y mientras tanto, en el ínterin,
escribía.

Para qué decir algo,
prédica o debate,
no adecuar la palabra,
mejor no decir nada.

Vivía en la mentira
y yo, el mentiroso.

XII

DIJO

*Los que no pueden recordar el pasado
están condenados a repetirlo.*

George Santayana

Han sido ellos
¿Quien?
Muchos ellos,
se consideran ser parte de ellos.
Ellos.

Ellos son los no yo.
Una flor que se cortó,
un camino rocoso cuesta abajo,
un final marchito.
Nada.

Siquiera un vértice,
un ápice de la espina.
Doblegar,
ser amo y dueño.
Reyezuelo.

Disperso,
falto de todo,
incluyendo la palabra.
Un océano sin agua.
Trágico.

En la fugacidad de la vida,
aflora el vacío.
Lo de atrás ya no se vive
ni lo recuerdo,
y desconozco el final.

Evocar.
Quizá.

La poesía es poesía, cuando conlleva
un secreto y como lectores
sentimos el placer de develarlo.

GIUSEPPE UNGARETTI

XIII

SOÑAR

Un sueño es querer,
un sueño es lograr.
Perseguir un sueño,
luchar hasta tenerlo,
sueña no dejarlo.

Si sueñas volar, vuela;
si sueñas pensar, piensa;
si sueñas crear, crea;
si sueñas amar, ama;
si sueñas soñar, sueña.

Si quieres a una persona,
haz lo que puedas por soñarla,
suéñala, soñarás con ella,
después del sueño podrás encontrarla.
La verdad existe, sueña.

En el sueño donde vivo
me recuesto en una canasta,
entorno los ojos y me dejo llevar
por el río que por aquí no pasa,
por donde sueñan mis resquicios.

Mientras, navego en mis sueños,
muy despacio, quizá demasiado,
voy bogando con mis manos,
voy logrando mis propósitos.
De Calderón me acuerdo.

Ya no nado,
zarpo,
y a toda vela,
voy a por ello.

Son mis sueños.
Anoche soñé que había,
impávido,
vi el futuro.

Otros envejecieron,
no supieron soñar a tiempo.

Todo gran sueño comienza con un gran soñador.
Recuerda siempre: tienes en tu interior la fuerza, la paciencia
y la pasión para alcanzar las estrellas y cambiar el mundo.

HARRIET TUBMAN

XIV

QUISIERA NO TRAICIONAR MI MANO

Quisiera no traicionar mi mano,
que no tiemble cuando me vea,
ser honesto con ella.

Apaciguada,
lejos del miedo que merodea,
no te asustes, mano mía,
que mi derredor se desvela
en el sueño de la noche
o en ínterin del duermevela;
descansa y sé fuerte,
ayuda a quien veas.

Tu firmeza es energía,
ganas de vivir, ayuda, abraza,
sea quien sea.

Fue, no obstante, en la génesis de las cosas
cuando todo esto sucedió.
La misma génesis que vio formarse las caricias,
la gentileza súbita, el deslumbramiento.

«Génesis», Oscuro (Ed. Olifante. Ediciones de poesía, 2015)

ANA LUÍSA AMARAL

XV

ERA JOVEN

Un día fui yo,
era el mejor,
duró veinticuatro horas;
al día siguiente ya no lo era,
había otro,
era más joven que yo.

Esa levadura que hubo,
la que siempre elevará
a los que van viniendo.
El resplandor del día
no es por el sol,
son jóvenes diseminados, aluzan.

Nuestros conocimientos
y los de nuestros antepasados
ahora los tienen ellos,
con el añadido de sus avances
que ellos van agregando
e irán enseñando a los que vayan viniendo.

El futuro puede sonreír,
porque ellos ya están aquí.
Vivimos porque están,
nos vienen sujetando.
Firmeza, impulso, vigor,
retumbaban las luces en sus ecos.

Juventud siempre activa, en compañía,
un derroche de tesoro,
fortaleza,
la armonía del atleta,
la edad de los logros,
euritmia del éxito.

Intuición y competencia,
sin haber tenido que rectificar,
sin haber tenido tiempo de cometer el error.
En la bisoñez de su lozanía,
vitalistas,
sin ser flor cortada que se pueda marchitar.

Cenobita mundano que profana el mundo,
alzado,
y ríe
y vive.
Juventud, vive al margen del infortunio,
que no te excorie.

Sociedad, sonríe,
la tramoya está lista,
va llegando destreza fresca,
el teatro de la vida está lleno,
van a representar lo que hemos hecho
y como lo harían ellos.

Con lo listo que nos creíamos,
tuvieron que venir;
al final mejoraron la representación.
Tienes una única ocasión de ser joven,
otra dimensión,
aprovéchala.

No se van por el foro
ni baja el telón;
van siguiendo, continúan.
Soñadores lúcidos,
nosotros, más mayores,
seguimos buscando el mando del televisor.

XVI

DE ESOS SILENCIOS

Por entre salinas y esteros
fue creciendo el silencio,
abruptamente.
¿Dónde está la planicie?
Arriba vive el éter,
abajo el suelo plano.
Oigo nadas y algo de omisión.
Callado, oyendo.
Silencios.

Tácito,
una manifestación, una profecía,
una vacilante interpretación.
¿Una duda o una negación tajante?
Una comunicación enriquecida,
lenguaje gesticular,
la postura,
¡y la inhibición de hablar!
Silencio.

La elocuencia de no hablar,
condición en el acto de declarar,
amplitud del sentido,
multiplicidad, carga significativa.
El hablante silente,
el ponente silente,
arrestos, vigor ilocutivo,
interpretar lo no dicho,
deducir, reconstruir lo silenciado,
latente contenido.

El hablante eligió el silencio como medio,
puntos suspensivos que mejoran el vocablo,
no omiten, otorgan,
silencios explícitos,
pausas, tiempos,
espacios y en el ínterin,
epígrafe enérgico solemnemente demorado,
intentaba expresar mi disconformidad,
se habían dicho cosas equivocadas,
inciertas, intencionadamente inexactas.

Titubeo, aserción, mordacidad, confutar.
Silencio,
¡tan rico de matices!
Como las propias palabras.
Pragmática mudez,
el matiz no se malinterpretó,
no fue preciso gritar
la pausa duró,
se significó lo que quiso y dijo más.

Enmudecer no es antónimo de expresar,
es su aditamento.

XVII

LA LUZ DE TUS OJOS NEGROS

Hubiese querido ir a otras horas,
obligado en los crepúsculos, fui.
En los tiempos de aproximarme,
despavorida entre resplandores,
huía la noche al verte,
tus ojos decrepitan sus penumbras,
amanecen dos luceros,
reverdecen las decadencias del día.
Las bombillas dejaron de ser refulgencias,
los árboles regalaban reberberos,
amaneciste la noche.

Azabachados, ojos tuyos
compinchados con la luna,
eran fanales ardiendo,
ujieres de horizontes y cielos,
deflectores en la noche,
un sabotaje a lo oscuro,
una victoria de fulgores.

Ojos que te quiero ver,
ojos de resplandores y destellos,
lámparas y espejos.
Entre tinieblas, los pájaros desperezándose,
bostezos desentumecidos
al ver pasar el charol de tus ojos,
ojos que hubieron tersado pétalos.

La luz cubrió todo
y el rocío crepuscular,
con tus ojos,
amanecía las noches.
Contigo, la noche perdió sus horas,
con gafas de sol,
leía letras *pantone cool grey* de cuerpo dos.

No parpadees, queremos seguir leyendo.
Siguieron las luces tuyas
y la orquesta siguió sonando…
creí en la noche y sus festones largos.

Haz de luz,
siglos de algo,
ojos para azuzar de nuevo.

XVIII

ERA LO QUE HABÍA

En su fuero, rugía el mes de enero,
todo estaba de rebajas.
no lo tuve claro, dudaba,
podrían ser pizarrines y una pizarra
o también una mortaja,
nunca sabré del acierto,
decidí hilvanar una segunda piel
para escribir poemas en silencio.

—Llanto, tratamiento resistente—.

Muchos sangraban,
cuestión sentida,
descompasado el respiro,
la frecuencia alta,
seguía el asedio.
Ápice de comunicación callada.

Algo desapercibido,
me fijé, aprecié,
opté por eso,
desamparado, seguiría guarecido;
por si acaso,
exudé poesías.

Distinto a lo que iba viendo, acercado,
me abandoné en la belleza que veía por dentro,
anoté corazones, los percibía, los escribí.
En mis íntimos olvidos, aprendí la paz surgida.

Contemplé tanto la belleza, que mi visión le pertenece.

Contemplé tanto (Ed. Hiperión, 1997)

KONSTANTINO KAVAFIS

XIX

PALABRAS PAUTADAS

Era densa la palabra,
venía cargada de intencionalidad;
justificó el contenido del verso.
La distorsión perturba,
la mentira del comienzo
terminó siendo una refracción
y, después, una verdad;
lo dejé puesto.

Corrí y salté por esa esencia,
savia que habían trazado mis sueños,
conseguí comprobar sus evidencias.
Trascendió la magia,
en el encanto, la grafía
y en la grafía, la palabra,
palabras que fueron versos,
versos poliformos que hube incubado.

Desasido y vaciado,
quise asentarme, ya no eran propios.
Lo que podía ofrecer no me pertenecía,
quedaron en el registro pautado del tiempo.
Expresé trozos de brío.
Levedades de vida
no pensé que pudieren ser.
Me quedé parado por si acaso fueron.

Entre tiempo y distancia,
atraído en la desnudez de la palabra.
El sin pudor fue mi regalo,
alguien lo leería.
El riesgo que corrí,
en el deseo amplio,
lo llamé esperanza,
convino, muté los afanes,
mi osadía por vigor del ánimo.

Y pude,
dependía de mí,
hice el verso,
el que quería
y me hubo apetecido.
Molestó,
no a todos,
mejor.

XX

Después de la matriz

Voy con la ilusión,
vuelvo con el lamento,
las mismas flores del florero
deberían marchitarse juntas;
dudarlo es la falsía que aberro.

Aquel día que salí de la matriz,
no tengo seguro que mereciere la pena,
todo lo que vi y estoy viendo,
son patologías tóxicas;
mejor vivir en la placenta.

Son muchas las marionetas
de unos pocos desalmados,
esos que pueden mover los hilos.
Nosotros, culpables de todo;
ellos, inocentes, infractores exculpados.

Justicia, qué pesadilla;
si Ulpiano viviera, horrorizado
se quitaría la vida.
Mejor muerto que avergonzado.
¿Dónde nos nacieron?

La vida es un engaño,
salir victorioso una metáfora,
con la jeringonza del embaucador,
nos arrojamos a los brazos
del primer desfalcador que pasa.

Subjetividad en la verdad,
objetividad en la mentira.
La honestidad de la afabilidad,
careta de la falsedad.
Nos quieren organizar a su antojo.

A los grandes indecentes
se les trata con dignidad;
vejación hecha realidad.
Intenté descabezar el sueño
y no logré apagar el desasosiego.

¿Para qué los valores inculcados?
Los valores no son los que digo,
valores son los que hago.
Cotorreo es el canto de las cotorras,
y el canto de las pardelas un salmo.

¿Cultores? ¿Cuándo, de qué…?
Las entrañas no tendrían su hálito y esencia
si los ojos no pudieran secretar lágrimas;
de ahí la diferencia.

XXI

SEÑORITINGO

Sorprendido de la vida que ansió
en el seno de un activo papel,
biznieto de un bisabuelo soñado,
pasaba las hojas de su historia fantaseada:
la de las mentiras escritas,
la de las verdades ocultadas.

Apareciendo querubines antiquísimos,
sostenían apasionadas lecturas
dignas de ser leídas con reverbero.
La huella que no pusieron,
ellos las fueron cantando
entre fumarolas de incensarios con estiércol.

Preocupáronse de sus colonias,
nadie lo ponía en duda,
nadie se sorprendía;
eran nacidos en el seno de buenas familias.
Baluarte de la ocultación,
del qué dirán y la lisonja.

Andar de puntillas, ver sueños.
No le preocupaban los aprietos;
seguía teniendo pueblo
dentro de la avanzada Europa.
Con su escopeta de gatillos,
o yéndose a la salida de los toros,
vivía como aparentando que era,
y lo que era es un difunto en vida.

Feneció inmerso en la opulencia de la ruina
y en su agonía, díceres, hablillas,
el pesebre vacío.
Iba regalando loas, cuando en verdad eran astillas.
Contaba aquello del bisabuelo que tuvo,
¿o quizá fue un tatarabuelo?
Los cartuchos no tenían cebo
y la escopeta, el percutor partido.

Su gran fidelidad,
sus propios engaños,
su gran traición, él mismo
con i griega y guiones en sus apellidos.
Su final, como los demás, muerto,
muerto y tieso con las tripas secas.
El intestino sin heces y el telón carcomido.

XXII

Diatriba de un necio

La ignorancia vino para quedarse,
en un mar cegado
quiso encaramarse en su sitio;
poco a poco, la gente se fue instruyendo,
la capacitación fue haciéndose sitio,
descubría la belleza del conocimiento.

En su necedad,
iba ignorando aquello que decían,
fue riéndose de los demás,
hasta que vio que era en un espejo
reflejándose él mismo.

Al final, la torpeza,
en su ineptitud, tuvo que irse,
estuvo de paso e hizo el ridículo.

La ignorancia no es algo vergonzoso;
lo que es vergonzoso es imponer ignorancia.

Romper el hechizo (Ed. Katz Editores, 2007)

Daniel Dennett

XXIII

DESALIENTO

Veía arrastrarse órdenes,
tentáculos pautados
iban salvando protegidos,
los demás, atrapados.

La semioscuridad narrada,
la verdad de una vida engañada,
de un corsé de harapos hechos
para el débil por el creso.

Humazo pávido en la eclosión,
resignado al denigro
con derecho al fracaso.
Volver la cara era peor.

Fingido y resignado,
a vueltas con la rueca deshebrada,
el alma en vilo
y la vida desolada.

Oía hablar palabras
amenazantes de adversidad.
Coros cantando tedios
en las jaulas de los miedos.

Destechado de existencias,
veía las tapias de los beneficiados;
otra vida, aliviada de cargos,
se intuía, eran lamebotas riendo.

Estratificado sin poder estar,
olvidados.
Poder seguir como esperanza,
el desamparo como remedio.

Tan poderoso,
no sabía pedir perdón.
El momento de vivir seguía inédito
y la garantía había caducado.

Con los pisotones,
se escuchaban vítores.
Los impúdicos hacían la rosca.
Truculentos.

XXIV

MIRANDO LO VISTO

Me gustaría tener alas,
me gustaría volar a donde quisiera.
La perspectiva de la altitud,
su beneplácito, otear con nitidez
allá por donde anhelara.
Ahumé un cristal para ver en mi derredor,
estaba eclipsado, sin luz, no veía nada.

Viendo, desatado de surcos,
la visión aclarada,
sabiendo lo que se ve,
alcanzado lo visto.
Desde donde están las estrellas,
se distingue en la base del suelo
enraizarse la yerba.

El sueño ya visto,
el logro de las expectativas,
la retrospectiva percepción de uno mismo
que no sean meros espejismos.
Yendo a donde quiero ir
y no a donde me digan.
Que la dirección sea certera.

Me ordenaron no sé qué,
sin saber lo que querían.
Vi donde estaba la luz,
enseñé las grandes magnitudes,

las inabarcables e impredecibles,
la del mar y el cielo.
Viéndolo, vi el futuro.

El vislumbrar claro me hizo cumplir la pasión.
Un panorama para la vida,
proactivo, de mirada positiva,
la razón para adquirir compromisos.
Personal sentido que llega,
en esas alas que pude tener un día,
me hicieron el regalo de observar desde la altitud.

La satrapía, muy lejos, ni se veía.

La visión es el arte de ver lo que es invisible para los demás.

Jonathan Swift

XXV

Esperando la palabra

Mi corazón hecho de jirones
y mi piel llena de harapos,
un recuerdo reverdecido
invocando aquellos años que tuve,
cuando conocí el estar roto.
Hojas voladas dejaban sombras,
recuerdos evocados,
una huella.

Contenido el grito,
agarrado el impulso,
un si volviera invocado,
un deseo impulsivo,
una necesidad inconclusa.
¡Ay, si yo viese que estabas!
Irredento, persistía
el momento interminable.

Si sucediera el cambio concebido,
si tu significado tomase forma,
si mi memoria no me traicionara,
deberías venir de allí adonde estuvieras,
en regalo ofrecido de palabras embaladas
para que yo alcanzara hacer poemas.

Memoria, dime cosas,
hazte cómplice de lo escrito,
desvélate callada,

otros cantarán tus términos,
llenarían los espacios tuyos
sensatos de clarividencia.
Muéstrate,
puedes cambiar todo.

Hay labios esperando sutilezas tuyas,
alguien las dirá
y serán estelas,
chorros de eufonía.
Mientras esto pudiere suceder,
miradas te están mirando,
vestigios tuyos.
Anhelan.
¡Ay, si tú reaparecieras…!

XXVI

FÚTIL INIQUIDAD

La manga era más estrecha de lo previsto,
entraban demasiado prietas;
desde los puestos,
no daba tiempo cargar las gemelas
ni enfriarse los cañones de las paralelas.

Entre humo y olor a pólvora quemada,
solamente sin tirarles
a gazapos, perdigones, lebratos,
o gabatos, corcinos y jabatos.
Las chichas no estaban hechas.

Las criaderas de vástagos
era el futuro deseado,
de carne lechosa,
mañana será músculo magro,
carne preciada con mísero jornal.

En futuros ojeos y batidas,
serán nuevas presas.
Los negreros, en su defensa,
aplauden la ceba y batidas.
Tiempos de cesarismo.

Escopeteros esperan el momento,
le aportará lo soñado y más;
despótica opresión.
Solo ellos ansían.
Metáfora.

Embotada la razón,
sometida,
doblegada la espalda,
entre tinieblas obedeciere.
Despecho.

¿Dignidad de montero?
Circunloquio de vileza, ¡qué héroe!
matar al indefenso,
lo matado, un ser vivo en libertad.
El día que los venados cuenten su historia…

¡Y se dicen misericordiosos!

XXVII

PENSÉ

Encontré el infinito,
lo agarré entre mis dedos.
¡Era inmenso!
El enigma estaba:
la dimensión, el pensamiento.

¿Quién soy yo para revolver todo?
Lo eterno vuelve a decirme
atavismos románticos y falacias.
La historia tiene que ser más que vacíos,
ideales de digan, expresados.

Constantemente,
necesito escribir algo,
pero es tanto,
que mejor es decir nada.
Seguro que acierto.

Sin tinta y callado,
consenso de silencios.
Medito vocablos,
pretendo una sanación, corregir.
El epíteto altísono abriga el exceso.

Hacia adentro, algo que decir,
sonoridad calma, espacio,
tentativas, incitar el pensamiento,
búsqueda de significado.
¿Nihilismo en su esencia?

El delirio racional, la noción
tiene que ser perdurable.
La idea reposada que enriquezca
la mente, origen del conocimiento.
Fórmulas solemnes, filósofos.

Tropología del lenguaje,
procesos inconclusos.
Repensar doctrinas,
banal y esencial,
símbolo y alegoría.

Un sitio que sea verdad,
mirada amplia, callado.
Los dientes iban rechinando.
La mar y el aire siguen riendo.
Crítica de la realidad viéndonos…

El silencio me erizó.
Por las calles, mi corazón miraba,
entre los sentidos, bullían melodías,
exhalaciones de arte venían borbotando,
pude vivir en la pasión de un verso.

Me frustré, yo no era poema ni poesía,
era un ser humano,
los ojos del Principito captan la verdad,
vida a los valores que no se ven,
pensé que, al menos, sí sentiría.

¡Y ya era mucho!

Pasar la vida comentando
el pasaje de la vida a la muerte,
poniendo palabras en versos
sin gritos ni llantos ni retórica.

El último verso será menor
e imperfecto y provisorio
sin importancia, tal como los otros,
el último verso será el punto culminante.

Le papillon de Solutré, «La mariposa de Solutré» (Ed. Phi, 2004)

LAMBERT SCHLECHTER

XXVIII

ATADOS

El aire venía denso, en su voz grave,
era mi pecho, trabajando mi esencia,
bombear al núcleo caños de sangre.
Es la luna quien gime, te está mirando,
a mí me empuja a besarte.
Esta noche clara, cargada de rocío,
labios humectados quisiera,
agarrados los dos y en el beso,
poder meterme en tu cántico,
el que suena adentro,
el que, acompasado con tu corazón,
va acomodando al mío.

Eres tú, ola que viene,
la que me llena las velas y tuerce el mástil,
la que va dejando que la aleteen los pájaros
y, ampliada por la trapa, me atraes.
En tu cabrillear despacio,
voy recreándome con las valvas que acarreas,
cada una de ellas trae un trozo besado por ti,
me envuelve en lo tuyo, me enloquece.
Mensaje, déjame tenerte un rato,
que este amor poseído, correlativo,
deje ver nuestros cuerpos abrazados,
atados con nuestras almas, brazos y manos.

Callados, como ausentes,
voz atraída,

gritos de silencios recíprocos.
Nos transparentaba,
resplandores, luces de tu pertenencia,
fanales tuyos por los regueros nuestros.
Albores rutilaban,
candelas.
Ardido, quiero consumirme.

El palpitar de las sienes, su ritmo,
daba cuenta, la sangre circula por ellas.
Lo emocional está correlacionado.

Enciéndele a un hombre un fuego y él tendrá calor durante un día.
Ponlo en el fuego y estará caliente durante toda su vida.

¡Voto a bríos! (Ed. Debolsillo, 2009)

TERRY PRATCHETT

XXIX

Reflejos

Me gustaría decirte una cosa íntima,
una cosa que tú supieras siempre.
En la orza de boca ancha,
almágena en el vedrío
y con agua clara en el fondo,
veía reflejarse dos luceros.

—Emoción viva en una pasión sentida—.

Eran tus ojos mirando,
reverberándose desde los altos aires
en los adentros del agua para mirarse.
Yo los veía, los estuve mirando un tiempo largo,
eran ojos azabachados tuyos
y, desde ahí, para afuera, germinaron estos versos.

Miramos en la misma dirección,
¿por qué tardamos tanto en encontrarnos?
Entre incontrolados impulsos,
mi corazón se me ha escapado,
ha querido irse a vivir contigo
y lo entiendo;
yo haría lo mismo.

Instante indeleble,
colores de arrebato,
entre las tinieblas de la vida,
límpidas claraboyas.

Luces que permitían percibirte,
la importancia de verte.
Luz.

Si quieres construir un barco, no empieces
por buscar madera, cortar tablas o distribuir el trabajo.
Evoca primero en los hombres y mujeres
el anhelo del mar libre y ancho.

ANTOINE DE SAINT-EXUPÉRY

XXX

AMOR RECÍPROCO

Seguía estando en esta vida,
conseguí estar viviendo, humectante;
desconozco si de delirio, afán o de sangre.
Quería estar en la cima,
estar con mi persona cortejada.
Quería, deseaba, soñaba y despertaba,
ella estaba allí, donde esperaba,
sensible, donde lo sentido es una obviedad
conmigo mismo advertida.

Percibida como pretendía,
emocionalmente conectada por hilos;
gavillas atadas con hebras de seda.
Nuestros adentros presos de sentires,
sentimientos nuestros florecían.
Seudónimo de nosotros,
juntos, éramos otros.
Una lírica expresada,
escrita por los entresijos sensibles,
grabada con escoplo de oro,
esos inimaginables, infinitos recuerdos.

Enraizados los dos,
celebrando nuestras vidas,
brindando por nuestras horas,
días de amor inmersos en ambrosías.
Deleitosa, tu mirada sutil y seductora,
atrapado, esplendorosa, radiante.

Tu despierta mirada, invariable,
ausentada de ti, decantada en mí,
cautivándome en tu mesura grande.

Viéndote, te amaba,
sin verte, soñaba nostalgias,
cerca ardido.
Rozadas nuestras vidas, la mía se detuvo,
cautivado, creedor conmigo.
¿Sería cierto,
imaginándome lo que sentí?
Intensidades nuestras, más allá del galanteo.

Ciclópeo, quisiera mi sentir,
de mí, una exigencia.

Hace falta un nivel moderado de estrés para iniciar un vínculo.

El viaje al amor (Ed. Booket, 2009)

EDUARDO PUNSET

XXXI

Todo en un momento

Aburrido, por los adentros del tedio,
quité el énfasis, quedó la llaneza.
La mirada definía súplicas
de ese amor fugado atrayendo ruegos,
ritos partidos y olvidos; rogativa.
El ceño fruncido,
la mirada ausente,
centáurides llovidas,
nubes de desarrollo:
relámpagos.

Una ceja sorprendida trataba decir,
no reconocí mirada de nadie.
De las no visibilidades aludidas,
me palpé y volvieron sentires apagados,
me ayudó la luna a rememorarlos
en unos trémolos en clave de fa, quejándose.
Su desgarro, conteniéndose, ayudaba al ánimo.
El recordar sobrevino,
la fugacidad de tu mirada sedujo,
éxtasis acentuado, un abatido drama dulce.

El día que te fuiste,
los días se tornaron rubí y aceituno,
algo que venía era oscuro;
brumas cayendo desde dentro,
un final áspero.
Pude sentir el alma que adoro,

venero soliviantado;
codiciosa ambición, un descaro,
ímpetu subyugado.
Negación del consuelo, desánimo.

En el balbuceo,
el lenguaje de un beso ilusorio,
y en el ánima, una cicatriz.
¿Por dónde andaría yo?
Sin dueño.
Contradicción.

Amor son dos personas que se quedan a observar
su destrucción y no tiemblan ante el desastre.

Atribuido a Virginia Eliza Clemm Poe

XXXII

Un amor amanecido

Era la mirada lo embriagante,
la sensualidad sincera,
emanada de ella, porque así era.
En su cantar, una estrella fugaz
y en esa estrella un suplicio,
un hola que no se malgaste.

Le compete a la seducción
aquello expresado acentuando el éxtasis.
Recuerdo de amores enamorando,
de las tinieblas salidas, de donde saliste,
la lejanía acercada me ofrecía auge,
arrojos, no perder un instante de atención.

En el mediodía del sol en todo lo alto,
dentro de mi cabeza, de par en par,
abrí mi memoria, busqué,
encontré el recuerdo apetecido,
casi en sepia, un retrato tuyo,
facciones de emociones tangibles.

Auscultado por tu mirada,
imaginé tocarte;
sin que yo me hubiese enterado
ya te estaba ensalzando.
No todas pueden mantener ni tener
esa cualidad, mirabas, morir por ti.

Justo enfrente de mi ensueño
y a los pies de las estrellas,
amé como nunca lo había hecho antes.
El impulso me vino desde dentro.
Primera persona del plural, nosotros.
El pronombre legitimó.

En el milagro engendrado,
el hueco de amor lo hube llenado;
hablaríamos de ello en las postrimerías.
La debilidad del proceso,
escándalo de respiración,
amistad palpitada, convidada evidencia.

Mi inherencia vive para ti
y me duele a mí,
se impelen las consecuencias.

XXXIII

MEDITÉ

Miraba aquellos pocos astros,
esperando conocer algunos otros;
difícil, se escondían sin quedar.
Demostraron desinterés por lo escrito,
apenas leyó unos versos sueltos,
siquiera una estrofa,
se estaba apagando.

Tantas horas y ahora, no sé,
rincones de tantas cosas,
creía azules fósforos fatuos.
Mucho tiempo solo ayuda poco,
el ovillo cada vez más desmadejado,
la notación sin poderla tachar.
La huella seguía en su sitio, indeleble.

Buscaba, quería tapar aquello que existió,
el cerebro, sin parar de enviarme recuerdos
de un tiempo acabado, la apoyatura puntual
sin apenas función.
¡Evocaciones grabadas a fuego!
Aburrido, perdiendo el tiempo,
conflicto de vientos aturdidos, convergentes.

Me quería persuadir el tropiezo.
¿Un armisticio?
Un sueño plagiado de sucedáneos.
El huracán arrasó conmigo.
Asolado.

XXXIV

HUBIÉSEMOS SIDO

La experiencia del aliento emocional,
el sufrimiento alejado
la luz de la reciprocidad,
circunstancias privadas de aquello que calma,
ese calor humano que allanaría.
El vínculo al pairo, orillado en la senda,
cansado del impedimento,
clausurado el derecho a seguir.

Existió un arrebato abatido,
un frenesí desilusionado,
un afán decaído.
Emanado por vericuetos insospechados,
el desamor volvió a ser inmortal.
Rotulado el estigma de la ausencia,
una futilidad en la herida abierta.
El barro se hubo cocido y, después, cuarteado.

Quisiese fecundar puertas expeditas,
un mundo desplegado y sin complejos,
desdoblado en su amplitud,
reflejado en lo otro que está.
Entreabierta la infiel flaqueza,
huellas que caminan, se dispersan,
el abisal amor doliendo, pelágico,
por el fondo, vagando como alma en pena.

En el agobio, se amustió el ánimo,
un olvido de algún entusiasmo,
quizá ni existido ni considerado.
Vericuetos por donde serpentea la sangre,
por donde debería circular el encanto,
la razón frágil, enterrada en daño,
socavado en la cercanía del temporal.
Lo metafórico resultó ser cierto.

Siempre me quedó la opción
de serme infiel a mí mismo.
Lo alegórico, verdad,
y la evidencia, mentira.

Autoengaño.

XXXV

Mayeando, momentos

Hubo pasado y llegaron riadas de vida,
esquejes pariendo brotes y yemas.
El ánimo se quitó el abrigo
y se oían cantar pájaros,
medio volar los gurripatos.
A mí también me pasaban cosas;
músicas de colores tarareaban primaveras.

El andar más presto,
los amores más densos,
nacían momentos frescos,
seducido, cortejado, abierto a ello.
Flores, florecían vida,
profundidades atadas a lo amado,
el caramillo sonaba adentro.

Después de un buen viento,
escapada el agua,
lleno de sonrojos, arreció el sonido del olor.
Llegó el tiempo de respirar,
enamorado, el del estar conmigo y contigo,
juntos, los momentos eran gratos,
los poetas hacían poemas.

—En el instante preciso, vino y vivía, llegó—.

Remembranza de tiempos ya vividos,
ansiada la coyuntura de estos tiempos.

Ropa clara, de algodón y lino,
la tristeza y melancolía acerrojada.
Besos danzando hilaridades,
plenitudes de vidas, afectos, pasiones,
las musas blancas, ahí deambulaban ellas.

Ese tiempo, siempre corto,
tiempo vivido, tiempo anhelado,
arropado en el beso codiciado,
amparando un desenlace deseado.
Lotos y lirios sagrados del Nilo,
alumbrado por una Hathor emanada.
Amor sufriendo, mutado en inspiración.

No hubo pasado, seguía, crecía,
era mayo amamantando pasiones,
Mi alma sentía inquieta
una mirada apetecida,
un gesto, alzado, un beso en el deseo,
embriagado, aligeradas travesías de amor.
Vinculó la influencia de los sentimientos.

A mí también me pasaban cosas;
músicas de colores tarareaban primaveras,
trascendido en el tiempo del momento,
mayo exhibido nos vistió, nos hubo teñido,
nos regaló el beso en que vivimos.
Mi refugio era estar entre tus pétalos, ser un pistilo.

Esta emoción pude convertirla en poesía,
un beso largo, hasta el solsticio.
Humectante…

XXXVI

LEALTAD

A mi cuerpo le eché unos hilvanes,
por donde previamente tracé con jaboncillo
las hechuras de un estilo;
metido a sastre lo hube diseñado.
Quedaba que los pespuntes fueren ciertos,
que tuvieren el apresto correcto,
ajustado al cuerpo,
sin ser actor con disfraz,
solamente sincero,
un vestuario correcto.
El compromiso adquirido conmigo,
fiel a mis creencias e ideas
con las personas que me rodean.

Que la confianza no se ausente,
que empiece siendo leal conmigo mismo,
que sepa asumir mis limitaciones,
que sea cierto con mis instintos,
que hablen mis acciones,
que la relación no se pierda,
que reporte vinculados amigos,
que, en mi juego, las cartas estén sin marcar,
que mi posición cabal sea practicar la lealtad,
que actúe con honestidad,
que la infidelidad no sea una conveniencia,
que la insipiencia no sea virtud traicionera,
que la infamada palabra fenezca,
que el beneficio personal esté en la pureza de mis certezas.

En mi camino,
me gustaría que la adhesión fuese inquebrantable,
nunca excedida.
Sucumba el denueste.

Sin adornos de pasamanería,
el vestido me quedaba impecable;
pasamanero de entredós, blonda y puntilla,
tráeme, o eso yo quisiese,
mi intención, pasar por encajero
impolutamente pulcro
en los aledaños míos.
Lo pretendí.
Fiel conmigo,
leal, compromisos y principios
respeto a mis valores y parámetros éticos.
¿Lo habré cosechado?
Quisiera que fuese tangible
y que otros lo hubieren notado.

Y si fuere posible, incluso palpable.

La amistad es amor en serenos estados.
Los amigos se hablan cuando están más callados.
Si el silencio irrumpe, el amigo responde
mi propio pensamiento, que también él esconde.

Pensamientos. Cuaderno de Notas (1949), «La amistad es amor»
(Ed. Ediciones UC, "Pontificia Universidad Católica de Chile", 2018)

PEDRO PRADO

XXXVII

HÉROE

Me amustia tanto héroe,
lloro en sus penas;
detrás, siempre un drama,
una vida destrozada.
Ellos no se ufanaban,
lamentaron sus vivencias,
padecieron los desprecios
y, al final, de mala manera,
muertos.

Héroe,
no era heroico.
No ganó nada,
perdió todo.
Solamente no se rindió.
Hubo dado cuanto tenía.
¿Un oráculo para el futuro?
El héroe hubo muerto,
la vida seguía.

Decían que era un héroe,
solo él sabía lo que era,
lo que pasó,
fue quien padeció la tragedia,
el azote vivido.
Se le abortó aquello que tuvo,
la vida, vivió para ser matado.
Todo quedó como siempre queda,

muerto y una estatua ecuestre,
grafitis y cagada de pájaros,
o un luto por alguien que nadie supo;
oscuro todo,
un duelo, sus padres rotos,
orgullosa la sociedad de su olvido.

Afuera,
los tiros se siguen oyendo.
No aprendemos.
Solo la bandera tenía colorines
y la peana orines de perro.
Acuartelados, soplaba el rancho.
Un exilio interior.
Abominable patrioterismo,
si nos llevan a morir,
¿cuál es el sentido de la vida:
morirse para estar vivo?
Menuda estupidez.
La paz confinada —confitada—,
ávida de sangre.

Un sentir barojiano confeso:
un antimilitarista de abolengo,
una dogmatofagia incurable,
dogmatófago confeso.
Don Pío, es cierto,
la vida no tiene argumento,
el caos como razón,
y los humanos, un tiro al blanco.
Crear su propia violencia,
culpar a los demás.
Un ser humano,
¡tantas cosas quitadas!
Todo.

¡Qué cínicos!

Desde Columbia University, y entre mis manos, una rareza:
el volumen 5, n.º 1 de Ibérica por la libertad, del 15 de enero de 1957,
editado por Ibérica Publishing Co., Inc., New York, N. Y.
La directora es una señora llamada Victoria Kent.
Presidente de honor, señalan a Salvador de Madariaga.
Serán ellos dos.

Pío Baroja «El hombre malo de Itzea»

ANTONIO OTERO SECO

Solo los muertos han visto el final de la guerra.

PLATÓN

XXXVIII

EN LA CORRECCIÓN

En la soledad, hice lo correcto,
nadie me miraba,
estaba seguro de haberlo hecho.
El entusiasmo del deber,
en los hemisferios marcados,
demente el planisferio,
iba haciendo días y noches,
entredós de obligaciones.

Por el camino,
por donde anidan los desangelados,
fui labrando voluntades,
valses y romanzas,
vidas vacías para llenarlas,
había cosas y motivos,
en la ayuda, evitar el desvarío,
ir marcando las horas con bodoques.

Paisaje, niebla disipada,
luces de soles y lunas llenas
azulan tonalidades.
Los horizontes, vertidos en abismos,
penden equilibrios inciertos,
lo impreciso que tardee,
se está ahogando el tiempo,
las resacas llevan adentro.

Apunta el lucero del alba
la claridad desde el boceto.
Boiras filtrando posos,
lejos, el sedimento, la calma,
se avista la huella dejada,
asentada, como previsto, en su sitio.
¡Qué simple es lo conveniente!
Lo preciso indujo a lo apropiado.

Indeleble, puse muescas,
marqué con trazos de tinta inolvidable.
Persistió en el tiempo.
Un acto justo.
Justicia.

XXXIX

MI VIAJE

No lo sé,
no me había dado cuenta.
¿Para qué?
Estoy de paso,
estoy viajando junto yo conmigo mismo,
es mi viaje.

Cuando llegue a mi destino,
quisiera saber si mereció la pena,
si hice bien el camino
o tomé algún vericueto,
pudiendo haber tronchado algo.
Me gustaría saberlo.

Confianza.
Me critiqué y me di coba,
desconozco el resultado.
¿Habré hecho lo correcto?
Sé que la mano la tengo al final del brazo;
¿la ofrecí acertadamente?

El cuadrado romo y el círculo con esquinas.
Espero haber saltado el límite que me impuse.
La vida y el brinco duran el mismo tiempo.
Quisiera no arrepentirme
ni tener que decir «lo siento».
«Ya está hecho»,
dirán ellos.

XL

El espejo

Me asomé al dintel del espejo,
vi mi cara, vi mis ojos
y las arrugas y las entradas;
calva, flequillo elidido.
Sabía algunas cosas que había visto,
recuerdos de aquello que hube hecho.
Me paré y me miré fijo un rato largo,
me quedé pensando:
«¿qué haré?».
Me gustaría saber la ocasión,
¿tendría tiempo de hacer los retoques,
hacer lo preciso?

El azogue siempre nos puede enseñar algo,
incluso el tropiezo.

XLI

HARTAZGO

No tiene sentido.
¿Qué hago aquí?
Sentirme solo,
cansado, hastiado y aburrido.
¿Sigo?
Sí, eso lo tengo claro,
insisto sin voluntad de hacerlo,
atardezco.

Desapacible,
nublado, frío y con viento.
Han echado las persianas,
la llave no abre la puerta
y las calles las han tapiado.
El bastidor no tiene lienzo,
la cuartilla en blanco, de borrones
abarrotada y sin una sola letra;
el abúlico tedio silente.

Sé que estoy, no tengo ganas.
Mañana igual que hoy.
Desgarros, desmadejada la galbana,
aburrido.
Por eso he escrito esto.
Igual me arrepiento,
es lo que me ha salido
con este aliento trompicado.

Ni siquiera sediento
y alicaído el oremus,
tácito.
El dogal prieto y la tomiza corta.
¿Para qué estar?
Bueno… habrá,
voy a seguir,
pero tedioso.
¡Hay que estar!
Seguiré estando

Sí, apático,
buscaré un propósito;
merecerá la pena.

XLII

Torpemente recordando

El Guadalquivir, el Manzanares, el Sena y el Duero,
y entre azahares blancos,
muchos olivos y muchos olmos.
Hasta el final, fiel a su cajita con tierra.

In memoriam

Sin ser olmo y sin estar hendido,
un mal rayo me ha caído,
ya con más de la mitad de mí podrido.
Ni con las lluvias de abril ni con el sol de mayo,
nada verde, ningún brote me ha salido.

Septuagenario, en la orilla plana de la mar,
alguna pupa, un carcinoma amarillento,
incrustado en la sien blanquecina,
en este cuerpo algo ya carcomido.

Antes de que me derribe esta riada de años,
el hacha del linfoma, de la inmunodeficiencia
o me convierta en melena de sarcófago por el aneurisma
y trueque en polvo de candela.

Antes de que rojo arda en el hogar
de algún mísero crematorio de las afueras.
Antes de que me arrojen a la mar
y me empujen por playas y dársenas
o me esparzan por la cepa de algún olivo viejo,

quisiera tiempo para poder anotar
una clemencia verdecida.

Mi ilusión espera,
esa luz que ilumina mi vida,
un milagro, como si fuese primavera.

Sin alarde alguno
y desde la nimiedad de la sencillez,
simbología machadiana, he encontrado
este espejo donde escindirme.
Mis respetos a don Antonio, con el deseo
de que acepte mis disculpas en la osadía.

XLIII

DESALIENTO

Asuela
el alma abovedada,
sin ojos de buey ni troneras,
los soles rebotan por fuera,
no penetran.

Donde había jilgueros,
veía bandadas de grajos
o pellejos tapando huesos;
un sudario de sacos.
La luna triste insiste en no salir.

El cuello girado para atrás, sin mirada,
cinceles en su cadencia tallando,
eran losas planas, lápidas de mármol.
Socavados pensamientos, datos,
rotas las uñas y los dedos y las manos.

Descuidaron el lapidario epitafio.

Ahondando hoyos alargados,
se irán llenos en el despeño.
¿Quién comentó aquello de querido?
La noble madera del arpa crujiendo,
oídos taponados y, en el friso, un bajorrelive.

A solas, orillado en el río de la sangre que licua.

Sin ganas, no sé, ¿germinará lo bastante?
¡Escapa! ¡Vete lejos! ¡Tápate la cara!
Los alguien no compensa verlos,
el todo es lo que llevo puesto.
Redime poco la luz mortecina.

Por entre sus dedos chorreaba en la torrentera.

Un día amé, antes de estar extinguido.
Devasta el jadeo del alma exhausta.
Mimbres viejos y con verdín,
el canasto no tiene fondo;
marchitamente rendido.

Batido por la mudez que calla,
hirsuto el entresijo,
fundido en la sequedad del empíreo.

Abrasado, cinéreo.
Ni miro adentro.
¡Era yo el ardido!

XLIV

ADOLESCENCIA DE UN LLORO TARDÍO

Adolescencia de un lloro
envejeciendo con un lamento.
En medio hubo sonrisas y alegrías.
Los extremos colindantes.
¿Por qué está siendo así?
Cuando la sonrisa aparece
y detrás se encuentra Bukowski,
algo está pasando.
Hoy, como los días que le precedieron,
son pretéritos
y vendrán mañanas y otros,
quizás roto;
quisiera saber para qué.
¿Para lo mismo?
¿Estaría hastiado?
Estoy cansado,
ahíto.
Seguro que no es así,
voy a cambiar el enfoque,
¿o mejor el panorama?
No lo sé,
se anticipa lo lesivo.
Alucinaciones prontas.

Alguien decía «escucho»,
yo digo «siento»,
me entero más así,
es más insondable.

XLV

REBELADO

Arrostraban los nubarrones soles del mediodía.
¿Por qué nos quitan la luz, el sonrojo,
el cariño vivo que vibra adentro?
Había una plaza, yo pasaba,
oía ruidos y algún sonido,
o eso creía de algún parecido con eco.

Lajas de pizarra caían desde lejos,
los latidos, en la cadencia alterada,
no es medro aturdido, ¿un sollozo?
Lamento de una leyenda que empieza,
miradas frías, matan, bajo la voz desalentada,
esperando la máscara, noche que llega y tapa.

Una espuela manchada va agonizando,
sin piedad, una historia equivocada,
una botella vacía, arrastrada, va por el río intentando,
entre aullidos, encallar por los juncos de plata.
Quebrantos tuercen ánimos, mientras tanto,
lágrimas lentamente se van desmayando.

¿Por qué entristecen los nublados?
¿Por qué se tienen que sufrir los altibajos?
Es mucho el polvo sustentado,
son muchas las sienes blanqueadas
y, rota las ataduras, cabezales y bocados,
seguid, entrad dentro,
altiva la cabeza, la puerta expedita.

Estoy esperando, los brazos abiertos,
rebelado al mundo.

Cerca se van oyendo voces de jóvenes.
¡Creí que conmigo se acabaría el mundo!
Sobro,
al menos, ellos saben lo que no aspiran tener.
Siendo jóvenes, sabían lo que tenían que saber,
yo, ni lo soy ni lo sé.
Y las cosas vistas…
¿para qué?

Un verdadero espíritu de rebeldía
es aquel que busca la felicidad en esta vida.

HENRIK JOHAN IBSEN

XLVI

¿UN DOLMEN VIVO?

Aún estás a tiempo de cerrar el libro,
o quizá continuar leyendo.
Aún estás a tiempo de seguir viendo
aquello de Lo que el viento se llevó
u otra de algún actor contemporáneo.
Aún puedes ir a navegar con Sancho a Baratalia
o surcar con un Riva del año.
¡Qué hartazgo con lo de siempre!
Escribo en papel, con pluma o rotulador
y lo paso después a Word,
pero no con cincel y martillo en mármol.

Quieren ver en mí a Espronceda,
Bécquer, Neruda, Juan Ramón o Rimbaud.
Quieren que sea Cristo, clavo y cruz,
y de paso, Cirineo y Magdalena.
No, todo es mucho más simple,
escribo lo que he escrito,
la trascendencia que afloró en mí,
la necesidad de decirlo yo;
solamente soy Pepe Criado.

Elige tú mismo
lo que más te guste,
disfruta leyendo un libro,
cualquiera que te merezca la pena.

De momento, estoy vivo
y sigo escribiendo,
creo y hábito en este tiempo.
Tengo montones de folios
y tinteros para mucho tiempo.
Aflora aquello que sin querer bosquejan
mis manos, cada vez más rugosas.

De momento, y hasta no sé cuándo,
la cabeza aún no la he perdido
(del todo).

Las ideas son como las pulgas,
saltan de unos a otros, pero no pican a todos.

George Bernard Shaw

XLVII

LA VIDA ES CAMBIO

Desde las rutinas de una vida,
voy hojeando días, arrancando meses,
los almanaques pasan,
cada vez pesan menos,
ya no compartimos lunas ni palabras,
ni soles ni flores;
el sonido mudo y el perfume tufo.
Multitudes andan solas,
alejado de ellas y los demás.
Abandonado en forzadas clausuras,
extinción,
¿postrimeros momentos?

¿De qué me sirven los temporales nevados?
¿De qué me sirve tener recuerdos?
Esos años enamorado, despilfarrado,
llegarían tiempos yermos
eclipsando donde hubo luz,
echando maleza, tapando ánimos,
al destierro, solo, perdido.
La cabeza cubierta, las manos sujetando memorias,
enjaulando lo no desbandado,
remembranzas quebradas o perdidas.
Los jardines hubieron llorado pétalos de espinas
y los pájaros, sin siringe, mudos lamentos.

Eso que pensaba que quedaba
era un trastorno aturdido,
¿Qué es aquello que zarandean?
Rutinas de dislates,
habituales rechazos.
Súbitamente, alumbró una nota,
después otra y otras,
llegaron laudes y cítaras;
volvieron a amanecer los días
y, por las rendijas de las rocas,
se veían luces
y en la mar, de la luna el reflejo.

La cadencia de los días fue otra,
eran más largos, concedían vivir,
volvieron a oler las rosas,
a cantar los pájaros,
las noches con lunas llenas,
las músicas apasionadas,
los besos ansiados sustentados en abrazos.
Los instantes llenos de momentos,
intensos, trascendentes, hondos,
volvió a merecer la pena este mundo,
disfrutar de esta estancia en la tierra;
algo nuevo esperaba cerca.

Medité la enseñanza de las canas.
Viviéndolo, mi viaje tenía colores vivos,
orgulloso de los logros, de seres queridos y amigos.
Sentí una voz,
la voz de alguien a quien echaba de menos.
Viví cada día con ganas,
merece la pena.
Nos arrastrará el temporal,
nos llevará hasta donde no sepamos,

y aunque no lo atrapemos,
será nuestro mejor regalo.

¿Te animas?
Vamos.

XLVIII

Boceto de un vuelo

Donde yo me encontraba,
lápiz, goma y papel en blanco,
salió volando un camacho;
quise pintarlo en su vuelo,
aleteando, apenas distinguí algo
que me hubiere servido para un trazo.

De una pulcra geometría euclidiana,
evolucionada,
mutó en rectas y curvas farragosas.
El camacho no aparecía, sin trayectoria
seguía buscándolo entre rayas,
amontonadas, cada vez más caóticas.

No dibujé pájaros,
ni líneas, ni sendas, ni esperas, ¿iban volando?
En un breve descanso me di cuenta:
no trataba de pintar al camacho, era mi vida.
Sentí sofoco.
Me tapé la cara con las manos.

La cartografía estaba en blanco,
navegaba a ciegas;
eran grandes las derivas
y los huracanes compactos.
Declaré emergencia,
en la senda, se cruzaron muchas vías.

Recostado en ausencias,
la sangre hubo fluido lejos;
sin otras cosas que ofrecer,
aporté lo que quedaba, algo muy mío:
lágrimas que aún quedaban dentro.
Extenuado, reseco.

Miré a lo alto y pedí perdón,
un camacho me acompañó con su canto,
amainó el viento,
me ayudaron.
Por una de las quebradas rayas,
entre fisuras, estaba el destino.

Sentí un resuello, ¡era mío!
Respiré hondo,
me di un respiro.

XLIX

MERECE LA PENA

Me he encontrado varias palabras
y no me han dicho nada.
Pensé juntarlas, cooperativismo,
un colectivo con fuerza,
impresionable,
cambiarían las bibliotecas.
Una lucha colectiva de versos sin métrica.

Suplantar lo escrito y dicho,
había dos tormentos,
el papel en blanco y el silencio,
no podía, sangraba mi ánimo;
solo, enfrentado y aguantando el dolor,
fluyo poco, mucho menos que nada,
un ansia, unos pálpitos, un resquicio.

Me hablé de mí a mí,
supuse que me conocía para escribirme;
analéptico el verso, resistencia.
¿Vincular esas letras?
¿Al mejor postor venderlas?
Las manecillas andando y las luces oteando,
dejaron entrar cosas, emergían y bullían.

Pertenecía, ajeno y en aparente armonía,
retomé, me reconcilié con ellas,
imaginero, armé formas, dije,
el monotema de la monosemia

estaba vacío, necesitaba un complemento;
metido en la trinchera de un boquete,
hubieron convergido la rabia y el ímpetu.

Hube de empezar de nuevo, inducía,
no era cambiante lo precisado del mundo,
demasiado deprisa, corre mucho.
Vi personas con otros ritmos,
otras miradas, otros discursos.
Demasiados vericuetos imposibles,
a lo lejos, vislumbraba otro mundo viable.

Muy alto, por encima de las cimas y antes del cielo,
existían otras luces, otros destellos.
Los pedernales ardiendo, las palabras sin miedo,
inmerso en palmatorias, prendí un ardor,
salieron versos en contextos nuevos,
ventanas de fogatas, leyeron aquellas palabras
que un día encontré en el azar de un soplido.

Lo dúctil vino a ser rígido.

Despacio, el papel y ciertos trazos,
se fue gestando una poesía próxima,
lindante al pensamiento.
Era mi vida escribiendo,
la que no quiso escribir por escribir,
decantándose en aquello que fue y no es mío,
escribió lo vivido, visto en mi vida o sentido.

Mi corazón no estuvo a la altura de las circunstancias,
anduve un tiempo perdido, desubicado,
desangrándome en errores por dentro.
Recuperado el oremus,
pude unirme a mí y a otros,

alguien leyó al fin mis versos escritos,
el mundo fue tomando asiento —y yo—.

Los caminos existentes era posible franquearlos,
no estaba tan lejos aquello que merecía la pena.
Nuevas perspectivas, nuevos puntos de fuga,
animado, estaba lo que antes daba miedo,
confié en la autoestima,
no era perfecto porque aún no llegué al final,
el sueño y las ganas me abrieron las puertas.

A diario, añadía un nuevo verso,
me obligaba a exhalar sentimientos.
Un íntimo sedimento
me invitaba el regalo de la sociedad,
el obsequio, seguir viviendo.
Asomado desde el pretil, el romance de la vida,
y de la vida, el mejor sueño.

¡Vivirla!

L

¿YO?

Una vez, buscando, me encontré;
supuse que era yo
y descubrí el error,
aquello que suponía,
yo mismo,
no me agradaba,
me pareció otro dentro de mí.
Puede que estuviera confuso,
pero ese que vi
necesitaba arreglos.

Empecé a hacerlos,
imaginé que algún día terminaría.
No sabía cuándo,
me gustaría que alguien me lo dijera,
igual tengo apaño
o, al menos, eso quisiera yo.
¡Ilusión!
Ajenos a mí y desde la distancia,
otros dirán.
Quise somatizarme.

Caótico y turbio,
la rareza de intentar ser sensato,
utopías, mejor majareta,
un ruido ensordecedor.
Poco a poco, me fui arreglando algo.
No mucho,

pero bueno,
para lo que se ve por ahí…
más o menos voy tirando.
Puede que hasta haga el avío.

Cuerdo, lo que se dice cuerdo, mejor no.
En un mundo hostil para los demás,
a veces surge un comentario de gratitud.
La ceguedad que va robando humanidad
es pasión, expertos avezados, talento innato,
frenesí e interés por excelencia.
La locura, como cura de la demencia.
¡Qué bueno es lo que hay afuera!

Así debéis proceder vosotros: manteneos locos, pero comportaos
como personas normales. Corred el riesgo de ser diferentes,
pero aprended a hacerlo sin llamar la atención.
Centraos en esta flor y dejad que el verdadero yo se manifieste.

Verónica decide morir (Ed. Booket, 2014)

PAULO COELHO

LI

AQUELLA PRIMAVERA QUE FUE

Ahora que puedo ver la primavera,
utilizo pétalos de rosa para los sonetos
y de magnolio para las décimas.

Ahora que llegan las abejas,
utilizo el tártano como tintero
y de miel la pluma del palillero.

Tersas, las páginas del olor.

Ahora que me resguardo del sol,
utilizo la luz para la vida
y el sombrero para arropar la noción.

Ahora que acuden las ideas,
viene la claridad de la convicción
y fines ciertos brotando elementos.

Dulces trazos de oro y melosidad.

Ahora que llueven palabras,
las recojo, las mezo
y las apoyo en la trova.

Ahora trozos, alfabetos de corolas,
de los que hubiere escrito en ellos
y emergió: pasión crecida de aréolas.

Sombras, la caricia de la oda.

Ahora trazo cúspides en el verso,
algideces, laxitudes y aflicción.
El hechizo del mundo, taumatúrgico.

Ahora un refugio, un sanatorio de sanación,
un cenobio, pensamiento aflorado de cartujo
con los que suelo estar conciliativo.

Amanece, las grafías van acudiendo.

Ahora el recuerdo sutil y el esplendor.
Miraba y además veía, era distinto,
me cambió el ánimo en la vida.

Ahora pude estampar el primer verso,
me abrió el camino del provecho,
el estímulo, seguir adelante.

Juntos, la lírica hecha flor.

Ritmo, la balada mayeó,
entremedias, un amor,
un estado, una incitación,
un detonante que retumbe
y si fuere posible, que lo descubra el mundo.

Hubo nacido.
Brotó.
Creció.

LII

POR LAS TARDES DE GOMORRA

Hace un rato corto aún, llegó el verano,
no se nota, viene casi con mayo en la mano.
Inercias, soles que pesan;
senos tensos y relucientes queriendo nutrir,
cobijo, dulzores ardientes, brotes, ansia.

Van llegando, balcones desnudos
muestran impudores llenos de lascivia,
ansiados de codicia.
Una mirada, una muesca, un señuelo,
desde la calle, una comunicación.

Junto, colindante, el anhelo puesto,
disfrazado de carne y deseo,
desvestido el pudor, la idea vuela;
adicto a la adicción, erotismo.
Dejado de ir hasta donde sea.

Prendado en el capricho
y andando por lo obcecado que vuelve,
la levedad de una luz en tinieblas
quiere tapar sus vergüenzas.
Los humedales segregan el elixir seducido.

Despojado de la apariencia y al pairo,
llegó el momento, descontrolado
y en la mirada, el estímulo penetrado.
Baza aprehendida, retozos de manoseos;
el beso mordido, desde dentro, falso y denso.

Empuja el corazón, aceléralo,
más si cabe, azuza, estraga,
el sexo es eso, sexo;
que se rompa el tiempo que queda.
Romanticismo improvisadamente terco.

Cuerpo e imaginación,
genital cadena, ebrios,
la memoria vacía,
la retentiva del instante,
recuerdos.

Riqueza y sensación,
placer despojado de cualquier página,
la razón guardada con cerrojo,
¿coercer, prohibición, el tabú tapado?
Frenesí y ardor de par en par abiertos.

Desvío dejado llevar en la osadía,
en la desvergüenza desaforada, resabio.

El arrojo memorable,
sin parar, no hubo bastante,
un rato antes de haber muerto,
genial, un vahído perverso.

Lo echaría de menos,
ese junio, ya no primavera, metido en verano.

Adicción hecha,
sin atar ni echar cuentas,
al final, el beso pagado del vínculo,
hervor de pasión y mercadeo.

Descontrolada Gomorra, donde sea,
allí estremeciesen los despojos.

Anarquía, desasido el precepto.
Estímulo vacío,
falsaria respuesta.
Su soledad daba pánico.

Entre furcias,
sentido, lacra del emboce.

Adiós,
mañana más,
con un regalito y más dinero.
¡Pedazo de tío ejemplar!

Arquetipo de machote.

LIII

PACIENTE

Paciencia,
la mitad paz y la otra ciencia;
el recuerdo agonizaba complaciente
sentado en el alféizar del tiempo.

Esperé,
guisaban a fuego lento,
la mesa puesta.
Laxo, no quise redargüir el exabrupto.

Calmo,
la urdimbre de la flema
quiso que meditara antes de hablar.
Imperturbable, oía aquellas incoherencias.

Prisa,
ni estaba ni la necesitaba,
quería meditar aquello.
Camino de la indolencia,
en un tiempo postizo,
llegó el hartazgo.

Presto,
conversando callado, silencios, no dije nada,
musité poco, quería quedarme,
después de un período prolongado,
asumí el compromiso,
esperé su crecimiento.

Autoestima,
autorrespeto como idea original,
dejé de desvalorizarme.
Divisiones, bandos,
el mal llamado proceso,
el futuro escaso.

Victimizado,
el dedo, como premisa, apuntaba para allá.
¿En qué etapa manejaría aquello?
Hay otras identidades y roles,
despacio y sin mirar, me fui lejos.
Aquello era perder el tiempo.

Independiente,
inexistente proceso,
coyuntura baldía.
Quizá en el destino,
queriendo llegar a él
y sin rondar el azar ni la osadía.

Por entre los puntos suspensivos,
el que iban diciendo.
Yéndome.

LIV

LLAMARADA

Me enamoré,
la bondad de su trasparencia,
veraz, certera,
la ficción lejos
y la hipocresía exánime,
expresaba aquello que sentía.
El falsario tiene que estar muerto;
siguiendo estando vivo,
le faltaría el alma,
caótico el espíritu,
un engaño encauzado, lo perverso.

No se relatan los poemas,
no deberían ser novelados,
no es para cuentacuentos.
Con trama,
sin necesidad de mancillar.
La limpidez de lo auténtico,
de un sentir o de una utopía,
poder estar equivocado
no es burlar ni desvariar.
Aupado en la cumbre del aura buena,
esforzado y a contracorriente, yendo.

Hube cultivado lo que me apetecía,
ejercitando el hábito del vicio de leer,
declino poesías.

¿Qué es la poesía? No es la realidad,
pero la realidad… es un sueño que se despierta.

JOHAN AUGUST STRINDBERG

LV

AÚN EN EL RECUERDO TUYO

Si por donde habitan los bosques
y crecen los pájaros
hay algo ocultado por allí,
entre las piedras, también hay más vida.

Si por donde el árbol alzado alto,
me ayudara a pensar en ti,
viviría entre flores frescas
dejando atrás la asfixia.

Si por donde están viviendo tus ojos
a mí me miraran algún día,
serían caricias vivas
dentro del alma mía.

Si por donde van fluyendo los arroyos
me llamaran las palabras tuyas,
iría a buscarte frutas
de ese árbol tan alto que tú querías.

Si por donde vengo escuchando tu eco
a mí me llamaras con tus mimos,
vería cada día el rocío de ti
amaneciendo en dóciles trinos.

¡Ay, si por donde yo vengo estuvieras tú!
Que vinieras por el camino por donde voy
y si me encontraras algún día,

sería feliz, para decirte más veces «te quiero»,
con todas las músicas de las flores,
con todos los sabores de los nardos
y los tapices de jazmines por las tardes.
Te abrazaría como cuando era niño
y me refugiaría en ti, buscándote,
embozado en el cariño de tus olores.
Fui feliz, mamá,
¡muy feliz contigo!

El condicional para los versos,
el presente para nuestras vidas.
Por eso mis recuerdos saben a melaza tuya.

A veces tengo ganas de ser niño para llorar acurrucado en su seno.
Obra poética 1958-1977 (Ed. Letras Cubanas, 1981)

NICOLÁS GUILLÉN

LVI

ESTABA ANSIANDO EL VERSO

Estuve y vino,
deseoso, estaba esperando.
Sonó el llamador,
la puerta era la flor,
el umbral, nenúfares abiertos.
Equilibrio, armonía fresca.

Estuviste y llegaste,
el reloj que andaba lento paró.
Quiso verte despacio,
su tiempo no corría,
te vio, el desgarro impidió la sonería,
respetó esa risa de abril que vio en ti.

Estuve y acudí,
me vacié, me deshabité,
parados los pájaros en sus vuelos,
asomó un alma y un dolor,
juntos, de la mano agarrados los dos,
del pórtico emergían versos.

Estás y llegas,
no esperé, lo que saliere,
tuve la fortuna de ti.
Encontré el remanso escrito,
amiga, te quedaste en mi zaguán de dentro,
soñó un tañido en el atrio.

Era y afluía,
te metiste en mi interior y en su eco,
la sonoridad de tu resonancia,
fuiste aquello que brotó,
estaba existiendo, te habías apiñado,
te sentía.

Al unísono y a compás,
polifonía de palomas,
armonía de campanas,
la cancela de entrada, abierta y rebasada,
eran amores lo que entró,
era poesía.

Aforístico y sutil,
lleno de mañanas.
Seducido el verso,
vestido de doncella,
erotizado el lenguaje,
palabras, metáforas del sentimiento.

Sueño despierto, quiero decir,
algunas veces me parafraseo.
Amigo mío, estás en la puerta,
éntrame en mis adentros
todos tus versos,
el poema entero.

El amor existe,
fluye y remansa.
Por eso vivo de esta manera;
quiero vivir así,
vivo muy lejos,
lirismo.

Hago preguntas,
me reformulo en la palabra,
vuelo, quizás demasiado lejos,
a veces, incluso leo lo que asiento;
la página en blanco que relleno
la escribo cuando sueño.

Palabras erradas que deambulan,
casi siempre olvidos;
por eso aboceto poemas.

La poesía no quiere adeptos, quiere amantes.

FEDERICO GARCÍA LORCA

LVII

QUIERO

A César Vallejo, in memoriam

Quiero empezar con un sueño,
quiero seguir acercándome a ti
y si fuera posible,
me enseñarás algo.

Quiero saber lo que tú me dejes,
quiero añorar lo que viene
y si fuera posible,
intentar escribir algo.

Quiero leer lo que aún no he escrito,
quiero exhalar briznas,
y si fuera posible,
que dejaran pellizcos.

Quiero descubrir la página en blanco,
quiero mostrar tu recuerdo
y si fuera posible,
plasmar tu insólito acento.

Quiero acrisolar la obsesión de tu poética,
quiero apuntar tu trascendencia
y si fuera posible,
pensar aquello que escribiste.

Quiero sentir tu desamparo en la existencia,
quiero que me presentes tu poesía
y si fuera posible,
entender el conocimiento de la vida.

Quiero conocer el dilema de tus *Heraldos negros,*
quiero tu magnitud de la existencia del ser humano
y si fuera posible,
aquello que me rodea y tratar de salvarme.

Hay golpes en la vida, tan fuertes…
¡Yo, no sé!

Quiero, como tú, inventar palabras,
quiero, como tú, forzar la sintaxis
y si fuera posible,
avanzar en el lenguaje literario.

Miro desde mi pretil aquello que no alcanzo,
me cuestiono, como tú, la duda
por todo, solo alcanzo, como tú,
ver el sinsentido de la desesperanza.

Me dijiste que no demorarías,
que todo estaba muy oscuro. Yo, como tú
en *Trilce,* el único comentario del prólogo de Orrego.
Como tú, culpa personal.

Amparado en ti
y en tu arrojo lexicográfico
como tú, sin red, arrojado al vacío;
yo tampoco alcanzo a saber…

El libro ha nacido en el mayor vacío. Soy responsable de él.
Asumo toda la responsabilidad de su estética...

Quiero, como tú, renovarme,
Eso quiero.
Me gustaría.

Si no he de ser hoy libre, no lo seré jamás.

LVIII

EL INDICIO SE PARÓ

El indicio se paró
el día que quiso decir algo.
En las palabras que calló
y en el apretar de los labios,
su secreto se llevó.

Esa noche yacida, muerta
de murmullos callados,
en el estruendo de sus manos,
disipada la teoría de los silencios expresados
en la afligida mirada del ánimo.

Desde la pulcritud del sigilo
y al amparo del obscuro recóndito,
puede hacer una luz encubierta,
abrazada a un tormento
o sumida en la alegría del renacer de un poema.

La palabra no había muerto,
seguía viva y vivía,
continuaba aún en la influencia de su escenario.
De la ensoñación en la estética
consagrada a las luces y su influencia.

Hubo una voz que habitó un día,
y supo decir algo,
destello desgarrado en sus versos.

Liberado de la norma, rima y metro,
apartado de la sintaxis
y de la artificiosa dialéctica.

Barbota la vital consecuencia terrenal,
la palabra asentada en la oquedad,
esa que le habían dejado, habló.

El poema sigue aún por delante,
nos adelantó a todos,
antes que nosotros.

LIX

ESE FUTURO QUE LLEGA

Estaba centrado en su momento,
precisamente ese momento,
efímero, como todos,
quiso saber,
saber cómo serían los transcursos,
esos lapsos que irían llegando.

No me preocupa qué hacen los niños,
esos niños de ahora, de hoy en día
y todo el entorno de lo tecnológico.
Lo relevante son los hoy de los jóvenes,
los que están habiendo
y el desprecio a ellos por las listezas.

Los espejos de hogaño, sin azogue,
los sin reflejos ni reflejados,
son codicias insaciables.
Al mismo paso nuestra juventud,
en su albura, deambulando, lívidos,
arropados al calor de un microchip y contentos.

Los pájaros, sin cantar, pasaban de largo,
como los ecos, sin chocar, no retornarían.
Se quedó un salvapatrias,
todos aplaudieron;
al día siguiente, a todos los agudos
les dieron una partitura; aullaron.

El tiempo que quiso volver
era una alusión para el olvido.
Un imberbe de esos que había
agarró la batuta;
pudo sonar la música,
había compuesto una sinfonía.

Creó un lenguaje de perfumes,
sonaba la esencia del eco dulce;
al viento, le batía su caña.

La música no es solo el arte más joven,
sino tal vez el único cuyo ejercicio,
si ha de ser eficaz,
exige una completa juventud de espíritu.

MANUEL DE FALLA

LX

ÁNIMOS

La tierra humectó su tiempo,
¡Luché por él, que volviera a lucirse!
Abracé su áspera corteza,
una tala de invierno insufló fuerzas,
resurgió aquello que daban por muerto.
Efímero como era,
vivió su renacimiento.
Quise contemplar su belleza,
estar en su *hanami*.

No era uno, eran muchos,
una alameda,
empezaron a oírse himnos,
músicas alzadas en los vientos.
Lejos, se veían alejar los desánimos,
el tiempo de los años fue pasando;
fragilidad de vida,
las hipérboles fueron cayendo.
El ciclo se armó de nuevo.

En la modestia, corolas;
adiós, frío; hola, bonanza.
¡Explícame tu significado!
¡Qué hago!
Mimetizado con la aurora,
vino el premio de la primavera.
Las aulas repletas de niños,
sonaban cánticos,
brotaron ánimos.

Con el tiempo y la suerte,
volví a darle un beso.
Florecían alegrías en perlas dulces,
gotas de terciopelo.
Pimpollecidos los cerezos,
y en el suelo,
una sábana de pétalos.
Olía a pulcro.

Como siempre,
los niños corrían,
iban gritando.
Vigor de savia y supervivencia.

LXI

Entre páginas

Si es de verdad que quieres,
acompáñate,
es un libro,
te vi leyendo con la sonrisa puesta.

No es tradición,
es parte de sí,
o quizá el desamor
con la sonrisa puesta.

Hazlo,
me enamoré de un párrafo,
puede que de una estrofa,
estuve leyendo con la sonrisa puesta

—estuvimos los dos—.

La trama me atrajo.
Lo que decía y el cómo
daba que pensar,
me dijo algo;
sonreímos ambos.

Cuánto me alegro que,
sonriendo, hayamos estado leyendo.
La alhaja, el agasajado y el agasajo,
el botín, un libro entre las manos.

Me aflojé el borceguí, leí reposado.
Me llevó allí, por donde quiso,
no era una opción,
fue el libro.

Arrastrado, respiré de forma distinta,
de otra guisa, me fui dejando llevar,
ponía cosas lúcidas, me sentí más libre.

LXII

LLORO

Lloro,
este país donde muchos días lloro,
este país que vive en el odio,
este país donde solo cabe medio,
este país habitado en el error,
este país que a muchos les falta el alma,
este país de dañina orfandad social,
este país donde medio es facción invadida de jaurías,
este país de atrocidades en masa,
este país de mirada sacudida,
este país asido a su fatídico naufragio,
este país vivido con las venas siempre abiertas,
este país respirando la asfixia de la atrocidad,
este país escrito con la bilis en descomposición,
este país rubricado con el eco borrado,
este país… tengo que llorar; lloro.

Esta gente,
descubro cosas que me aturden,
veo cosas de cerca que antes estaban lejos.
Por sus llagas manaba sangre,
el alcorque era de lápidas tronzadas,
el almendro, florecido en tierra estéril,
sin verdor, entre heces y sudarios.
Besé aquello que era un lamento de almendro
o en mi error me lo parecería.

Este vergel que hicieron páramo,
estos sitios de ánima yerma,
el del empíreo hecho averno
con el céfiro que arrasa el suelo.
Enfrascado en controlar solo algunos,
obsesionados en el vasallaje ajeno.
¡Qué duro es vivir la realidad baldía!,
todo es y lo hacen poliédrico,
vida, la del problema no resuelto, pesa.

Lloro mucho,
llorada por dentro,
esta tierra llora,
yo lloro,
lloraremos la mitad de los que estamos,
la que me duele a mí, no a los otros.
Sin tregua para el llanto,
en verdad, dignos de lástima.

Quizá es que no tenemos arreglo,
de segunda mano, en el tamo que aja,
zurcido el parche, disimulado el desgarro;
maltrecho, el remiendo era de paño viejo.
¿Por qué no se dialogan los soliloquios?

Descosido y roto el trapo,
andrajo, mal apaño.
Guiñapos.

LXIII

¿SIN SABER POR DÓNDE IR?

Sin saber por dónde ir,
temí perder lo cierto;
escondido detrás del miedo,
me quedé allí esperando,
a ver, podría pasar de largo
sin saber que era yo; andaría.
Las cosas no vienen solas.

Pasado un tiempo, más de lo pensado,
me atreví a caminar por donde había rastros,
había varios, quizá demasiados.
Decidí el menos marcado,
temí volver a estar errado,
pensé encontrar más por donde iban menos,
anduve entre jergones de hojas, como de niño.

Cansado, un viaje indefinido,
insistí, terminaría en algún sitio,
decidí, un galimatías de veredas.
Vagué o viajé, nunca lo supe,
sentía alivios, veía que podía,
el viento me empujaba, vi
a lo lejos, un manantial de candilejas.

Sin intersecciones, fui construyendo,
lo casual lo abandoné por los costados
o riberas cuando eran regatos,
zigzagueaba, cambiaba el rumbo,

busqué, hice, encontré
y me quedé allí.
Una cosa pequeña propagaba.

Sin proponérmelo,
fui el autor de mi propio destino.
Nunca pensé tocar el cielo,
pero pude pisar el suelo,
o eso creí haber hecho.

Nunca lo supe,
abstracto e incorpóreo,
fugaz, efímero como vivo,
seguí andando.
No corrí, el trayecto fue pisado.

Tropecé con la razón y seguí;
hollé.

LXIV

Un libro en blanco

Un libro no devuelto tuvo la culpa,
trataste de evitarme o no coincidiríamos;
el azar hizo el resto,
nos amoldamos un día o tropezamos,
conversamos de nuestro error,
el libro estaba en blanco,
juntos los dos,
le pusimos las palabras,
terminó con un epílogo inconcluso,
con nuestras rúbricas, brindamos.

Dos soledades,
una pareja y, sin darnos cuenta,
fueron nuestros pies
quienes nos fueron llevando;
ellos traían las páginas sin escribir,
las mismas que hace años dejamos en blanco;
nosotros las rellenamos de…
palabras y algunas más cosas.
Te di, quise ofrecerme,
me correspondiste.

Fue el vivir lo que hizo recordarte,
la meta la vivimos al principio,
aquello que un día fue
no había caducado.
Sin conexión USB nos recargamos,
intercambiamos energías.

Cómplices los dos,
fragmentos engarzados,
teníamos que escribir el libro a cuatro manos.
Seguimos juntos.

Ausentados y transcurrido el tiempo,
un soplo,
aquí estamos.

*Solo en el amor el hombre es grande puesto de rodillas;
porque el amor es la única esclavitud que no deshonra.*

José María Vargas Vila

LXV

ANDUVE EL CAMINO

Un trino cansado, indolente,
un viaje exhausto, desorientado,
un sextante de palo, sin visor ni graduado.
Dejado de ir, yendo a cualquier lugar,
el viento como rotor,
los surcos como caminos,
largos, estrechos y embarrados.

Nubes negras alzadas a lo más alto,
granizos y rayos,
una tempestad de favila dejada atrás,
otra llegada con huracán.
Cuestas de lajas sueltas,
conversaba yo mismo, conmigo, en mi soledad.
Sólo tropezones y contratiempos.

No quedaban tierras llanas,
encrespada la vida y larga y mucho tiempo.
Labios cortados, sed llorada.
¡Una ilusión empuja la travesía!
¡El destino un espejismo!
Pensaba, tenía un ánimo soñado.
Piedras tragándose la mudez de las palabras.

La polar aturdida, extraviada,
era la luna en su imaginado caminar,
marcando un supuesto halo,
induciendo a errar ¿a soñar?

ese camino idealizado, deseado corto,
llamó a la esperanza de una ilusión.
Volé sin ver los obstáculos.

Un caramillo de hueso,
por aquella supuesta luna encriptada
galopaba entre las rocas,
¡alas para subir a solas!,
notas de luces en el enclaustramiento,
oyendo bullicios de silencios y un pájaro.
Quiso parecerme ver una esquina y doblar.

Sentía acortar el camino,
presagiaba bajar la cuesta,
del andar cansino a un trotar.
Júbilo buscado,
un duermevela olvidado,
dije algo parecido al amor.
La algarabía tañía un runrún apetecible.

Una sombra, parecían labios,
los que la lluvia humectó,
eran tinieblas con vida,
alcé la vista y vi a nadie,
dudé, parado o irme;
espirales sin conducir,
una vista confundida.

Un pedrusco y un fierro: una palanca,
era la huella, la señal, una dársena,
fluía y veía, cerca de la mano podía agarrar,
estaba, era aquello que no creí por inviable,
papeles, lápiz y goma de borrar.
Se agitó la frecuencia del corazón,
se limpió el cielo, vi la luna y la polar,

proyectaban sombras y reflejos;
hice una pausa, ordené cosas y deseos,
entre sílabas crecidas,
mecían muchas vidas esperando su momento,
la cadencia del columpio latiendo
y en el vaivén, una bahía,
la medida eran páginas leídas,
seguir, exclusividad de la cercanía.
El sextante retomó su vida.

Se evaporaron las pesadillas y en el instante,
miré la vida, el respiro de los demás,
repitiendo miradas, miré, veía.
Quieto, inmóvil allí, hice una pausa,
respiré, digerí, pensé y asimilé,
manos cálidas agarraron las mías.
¡Vida, despiértame, tengo que hacer!
fulgores provocaron proyectos, deseos de otra vez,
repetir en la insistencia, dar nuevos pasos.
Tuve que restregarme los ojos,
era verdad, conocía aquello o lo presentía,
desperté despierto, soñé un sueño,
me conocía, me reconocí.

*La circunstancia de que en la ciencia natural se pueda alcanzar la meta
tras un número finito de pasos deja abierta la esperanza de que,
a partir de ahí, nazca una clase nueva de pensamiento,
una clase que de momento solo cabe intuir, pero no describir.*

Tradition in der Wissenschaft (Tradición en la Ciencia)
(Ed. R. Piper & Co., 1977)

WERNER HEISENBERG

LXVI

ELUCUBRACIÓN

Jamás di con compañía más acompañadora que la soledad.
Henry David Thoreau

Soledad, el instante de pensar.
Lejos del suplicio, un resquicio.
Aprovéchalo.

La envoltura perfecta,
el revestimiento en la terneza nocturna,
aquellas vivencias y sueños
acumulados, todo un día.
El silencio del sin preguntar,
honesto en el apunte,
guardado por si alguna vez
precisara recordar aquello,
lo embalado aquella noche
transcurrida en la intimidad.

Leyendo eso mismo, casi desde siempre,
sinceridad, la de querer saber,
elogios y reproches,
hábito de soledades honestas.
Esa que no es significativa por ser cierta,
esa verdad que duele por no ser mentira,
confesiones escritas con palpitaciones,
sin dobleces ni rincones.
Conmigo solo, mi soledad,
honda y personal, yo mismo.

Feliz, sufriendo,
verdades de causas ajenas,
certezas que me afectan.
Quería entender lo que puse,
anotada en su día, fiable en lo posible.
Entre cúspides, taludes o simas
de cara a los demás,
da igual las éticas que las maldades,
solo lo anotado y envuelto,
¡hasta nunca fariseísmo!

Encontrado, me encontré a mí,
preguntas sin respuestas
basadas en mi experiencia personal.
El respeto sincero,
la oportunidad de rectificar o comenzar de nuevo.
Sin perder el ápice de humanidad,
la mirada general centrada en lo que interesa,
saber que hay un prójimo.
Tachados los porqués, el estímulo,
saber estar solos en nuestra cavilación.

Soledad elegida, ansiada y esperada,
el yo conmigo, lo que nadie me puede quitar,
mi gran libertad.
Apabullado, información de muchos,
vigilia de prójimos,
reflexión intrínseca, amparado por mí,
mis rémoras, nudos y yugos,
compartir conmigo lo sabido,
oyendo acequias y vendavales,
oyéndome a mí.

Embargado en la dignidad que otorgan las tinieblas,
un retiro, un mensaje, dormí.
Yo solo.

LXVII

UN CANTO A LA FALSEDAD

Decimonónico siglo veintiuno,
nihilismo barroco del vacío arrebujado.
Vayan estarciendo el pan de oro
por los retablos de residuos orgánicos.
Amasijos de escayola, caña y esparto
intentando figurar el altar del Parnaso.
La ofrenda en el presbiterio, una calumnia
y en el camarín, todo aplausos.

Va sonando el tiempo, se viene sintiendo:
aceptar lo elevado,
por esos planos que viven en espacios
de luces tamizadas con barro.
Una antología entera para mí,
una hoja en blanco, escribir lo que quiera,
intimidad, publicar, se venera la mentira,
la miseria deseada,
el secreto que se sospecha,
el imaginado que se inventa
no estaba escrito,
quise asentarlo en la hoja aquella.

Aserto falso, todo adulterado,
constó lo supuesto que quise,
mancilló la injuria,
nació el estigma,
habladurías hechas historias
que todo el mundo las daba por ciertas
y al mismo precio de lo que sí se sabía.

Destrocé vidas,
gané dinero, extorsioné,
difamé, me hice notorio,
aplausos.
Así lo quiero y lo querían,
era el yo famoso
quien escribía las exclusivas.
La mentira es barata
y deja más dinero.

Me dieron muchos premios,
aldabonazos en mi carrera.
¡Cuántos acólitos!

LXVIII

UN RECUERDO VIVE AHÍ

Prendado, el recuerdo que está,
pretendido, admirado,
a la espera que fuese;
la mesura que irrumpe
recovecos, caminos de pedregales.
La disculpa escondida.

En el desacato, aparece la osadía,
turbado, la cara vuelta, belleza.
Decidido y temeroso,
un rechazo latente prendido dentro,
¿Cómo te digo, cómo te llamo?
Pensé… lo correcto es decirle pasión.

El castigo, en el silencio consumiéndose
el aceite del candil que alumbra.
Tiempo, ayúdame, que me aviente el trecho,
préstame tu desparpajo,
un momento de atrevimiento,
déjame lograr un imperio.

Llevado de puntillas por donde iba,
ufanado en lo que podría ser,
la licencia de obedecer al sentimiento,
nadie es dueño de él.
Enamorado, sin corresponder,
un amor prohibido.

Átame con muchos nudos,
no me pongas lazos, aprieta el motivo.
Mimetizado con tu belleza,
descarnado, las venas abiertas,
mira mi corazón sin contrapuestas.
Permíteme la venia poder querer.

Estoy enamorado,
flamea el ardor,
viviendo el desconsuelo;
mi pudor no osó decir
«¡te quiero!»,
me habría gustado haberlo gritado.

Apenado y cuesta abajo,
me fui yendo,
no supe decirte adiós;
viviré con la memoria
la huella de tu evocación,
viviendo en ello.

Nunca supe si te fuiste o me fui.
En la prohibición,
me guardé el secreto de los labios tuyos;
duermo en tus sueños
y yo con ellos,
tabú.

Es poco ser poeta: hay que estar enamorado.

Nicolás Boileau

LXIX

¿POR QUÉ...?

¿Por qué tengo que luchar?
¿Por qué?
¿Por qué tengo que estar en la guerra?
¿Por qué?
¿Por qué tengo que vivir en la trinchera?
¿Por qué?
¿Por qué tengo que estar ganando?
¿Por qué?
¿Por qué tengo que avergonzarme si voy perdiendo?
¿Por qué?

Y si pierdo, después de todo, no lo cuento.
Adiós, guerra; adiós, trinchera;
adiós, victoria; adiós, escoria;
perdí, no fui capaz, no valgo.
No he vencido a nada,
solo vence quien lucha.
Cansado de pelea,
adiós a tanto por qué.

A la guerra se va por honor
y por honor no estoy enfermo;
no es épico tener un cáncer.
En las guerras o se gana o se pierde,
solo queda uno de los dos.
Si no estoy en esa batalla, ¿la culpa mía?
Yo y los míos, estigmatizados,
soy un enfermo social.

Mi diagnóstico: hacer vida normal
y, si puedo, igual que antes de estar enfermo.
¿Una pulla, una indirecta?
No es castigo ni me avergüenzo.
¿El vahído dejó de ser un rato?
¿Se hubo marchado para siempre el hálito?
No, mi preocupación no es miedo ni cancerofobia,
simplemente me están tratando un cáncer.

Lo de guerra, lucha, vencer, batalla
son conceptos bélicos, negatividad
para un paciente con cáncer.
No soy capaz, no estoy capacitado,
sin entereza, estoy perdiendo.
No, el cáncer es solo una enfermedad.
Eso de vine, vi y vencí es otra cosa de otros tiempos.
Yo fui, me diagnosticaron y estoy en tratamiento.

Hay que dejar de forzar a los pacientes
hastiados de tener que ser valientes
o fuertes e invencibles,
¿por qué sentir temor y fragilidad?
Ante un diagnóstico como el cáncer, lo más esperable,
no es un veneno, es la quimio como tratamiento.
No me digas «tú eres fuerte». Esa es tu opinión de mí,
yo ya sé cómo me siento. ¿Qué sientes tú?

En mi dignidad, río y lloro; soy veraz,
no sé cómo terminará esto y no vayas a decirme cómo.
Existe un realismo oncológico
que vivimos los pacientes;
aspecto enfermizo,
pérdida del pelo, pérdida de fuerza,
color mortecino y poca movilidad.
Opiniones… Suficiente ver mi estado y cómo lo siento.

Tener cáncer no es una lucha.
Es una mezcla de circunstancias,
donde me veo obligado a estar
conviviendo con mi enfermedad.
Algunos días el cáncer es más fuerte,
otros días soy yo.
¡Consejos desde el desconocimiento!
¡Quiero consejos del oncólogo y nada más!

Vivo con la enfermedad; me gustaría que sus efectos
físicos y emocionales me hieran cuanto menos mejor.
Pero no lucho contra ella.
Después de todo,
el cáncer ha surgido desde dentro,
de mis adentros de mi propio cuerpo,
desde mis propias células.
El cáncer es mío y soy yo.

Luchar contra el cáncer,
¡qué barbaridad!
Sería librar una guerra
¿dirigida contra mí mismo?
Además, ¿suicidio?
¿Una circunstancia eutanásica?
Todo consiste en logros, y no en batallas;
ya está bien de guerritas y peleas.

¡Me estaría dando un golpe de estado contra mí!

¿Tengo que sentirme culpable
si el cáncer está siendo más intenso?
¿En qué guerra vivo y además perdiendo?
¿Me avergüenzo de ser débil
o no ser suficientemente fuerte?
¿Miserable por el grado de malignidad?

Simplemente soy un paciente;
démosle su espacio a la ciencia,
que se investigue,
que avance el conocimiento.

Gracias, doctor.
Como verá,
sigo escribiendo.

LXX

DE PASO POR AQUÍ

Iluminado,
rescatado de las tinieblas,
luces concretas,
un Zurbarán viviendo
muchas cosas,
respeto a los demás.
Otra mirada,
la misma pero distinta,
de otra forma.

El peso soportado,
las mareas, los golpes de mar,
traumas, moratones y petequias.
Sabía lo ocurrido
y lo que estaba ocurriendo,
los mensajes, sin tapujos, daban susto.
El edificio era la institución,
una gran historia decadente,
el pleno derecho, una falsedad.

Intenté vivir sin molestar mucho,
algo seguro que sí,
espero que haya sido parvo.
Quise dar voz a lo que pude,
el recuento era incontable,
decía «buenos días» a los lectores,
descalzos, penitentes de esta vida,
discriminados, una ficción de la realidad,
todo etnias.

Los muy pocos, el poder, un clan.
Hay grises y no todo es carnaval.

Las utopías nacen solamente dentro de aquellas culturas
donde se encuentra claramente diseñada
una edad feliz que desapareció.

María Zambrano

LXXI

NO ME FALLABA NUNCA

Tenía el amigo perfecto,
permisivo, dejaba respirar,
callaba, decía lo preciso y en el momento,
consentía, todo el tiempo que fuese,
dejaba pensar.
En las reflexiones,
concebía sentidos,
pienso que sería la intención.

Me apuntaba y me corregía,
¡porque sabía más que yo!;
su mirada, al menos, eso me dijo
o eso me indujo su mirar.
El libro era de poesías.
Tres poemas diarios.
Leía.
Él y yo.

No fuimos a ningún sitio,
nos predecíamos,
esa era la finalidad.

LXXII

DIFICULTADES

No sé cómo será el final,
turbio, no veo nada.
No seguir impide,
amontonados recuerdos quieren salir.
La saliva llena de hojarascas
busca vericuetos;
son largos, no importa,
decirlos o contarlos,
se oirán, se sabrán.

Son posos de muchas vidas,
vividas al compás de tantos años,
cosas, cosas humanas que van andando
y, al final, todo el camino fue empinado.
El viento arrastró un espejo
donde pude mirarme.
Era para todos, hubo madurado,
de toda una vida digiriendo arte,
desnudé mi vida en ello.

Me hubieron usurpado mucho,
lo disfrutarían;
supongo, o eso espero,
me gustaría que fuesen mejor que yo.
Al paso de las horas y los días,
salimos a la escena y nos escucharon,
discerníamos las ventajas.
La fugacidad no llegó a ver como atardecía,
ellos quizá sí.

Ausencia, amarra el nudo fuerte, no se oye,
como los dulces sonidos, se sienten dentro.
De doncel, tenía muchos veranos por delante;
ya crecido, es ética y moral,
mirada holgada y sosegada, el apunte amplio
amparado en saber aquello del mucho tiempo.
En la esencia del incienso, oía latidos,
era el turíbulo pegando bandazos;
la palabra intuida sanaba.

Aliento, respuestas.
¿Les aliviarían?

LXXIII

ODA A DIEGO GÁMEZ WALINONT

Más cerca de lo imaginado,
llegaban olores de almuecines llamando
y cánticos colgados de yerbabuena fresca;
por lo alto, asoman trazos maduros
de una *boda kabileña,* un *romance al carnicero*
y entre verdores de albahacas en maceta,
un *cafetín moruno*
o *una novia hebrea.*

Diferente a los demás, otro distinto,
crecido en su propia escuela tetuaní,
palpitando paleta de olores se deja ir.
Por allí, por donde su alma se explaya con él,
le lleva, le van arrastrando sus arrebatos,
ataviado de entusiasmos y sugerencias,
disciplina creativa, pasmado de sí.
Vuela.

La tierra, la arena, las dunas y los matices,
engarzando girones de sueños,
protocolario *taqiyah* de coránicas filosofías
o una *kipá* con talmúdicas discusiones,
dejaron sus huellas a los pies del atalayero Gorgues
que lo estuvo viendo pintar;
Diego Gámez acrisoló Andalucía y Tetuán.

Rastro de pigmentos, taxativo color,
trementina y aceite de lino,

de copela un gusto, una sensación,
un sentir como pensamiento hubo dicho.
A golpe de pinceladas, expresando pálpitos,
la nobleza de sus óleos, sus manos y su cabeza.
Enjugado y agostado, Diego Gámez siempre fresco.

—Lo predijo Vázquez Díaz en San Fernando—.

Desde su obra a la infinitud,
emociones, tormentos y desgarros.
Sus trabajos, parte de la crónica,
cataliza, da que pensar el quebranto exhibido.
Su cálamo, tiñan sonoridades, colorido armónico,
riqueza para sus intratables trazos imaginados.
Su lenguaje universal, puesto, ahí está Diego
y estará.

LXXIV

El día que te fuiste

El día que te fuiste
pensé que te habías ido;
me engañé yo mismo,
te quedaste adentro.

Yo, el abajo firmante,
lo he vivido y lo dejo escrito;
nada es aquello que me pareciere,
además de limo, bordea la mala yerba.

En esta orgía llamada vida,
esa de las tesituras, la de un día y del otro,
la de los lapsos y personas,
siempre hay una coyuntura para un café y un rato.

Andando juntos
o tendidos por los suelos,
bien sea pasto o arena,
candela de labios tuyos, queman y suenan.

En los primeros momentos,
lamidos, quedamos acoplados,
el tiempo que nos quede
aprovechémoslo juntos.

El deseo intenso,
espiritoso, el tiempo corto.
Tantas cosas nadan por el río,
orillados, embebidos seguimos flotando.

Yo los oigo,
atenazados entre nosotros,
es cuando ruge la tormenta,
engranados, en el rayo nos apretamos.

No, tú no te fuiste,
te tengo dentro;
si tú te dejas,
fluyamos juntos.

Veo las huellas que vas dejando,
el fuego, los dos inflamamos.
Cisco ardido bullendo
por venas y ganglios.

Dificultades imposibles,
se crean y destrozan,
se trenzan y desflecan,
vienen y alejan.

Puede que sí o tal vez no,
el fuego no es para jugar,
distinto es caer y peculiar rebotar.
Vendrá mañana, no es seguro, quizá.

Ven, démonos otro beso nuevo,
distinto al otro,
no nos conozcamos,
promiscuemos,
diferente sentido,
algo distinto,
bosquejo desconocido,
sellemos nuestras muchas veces,
devorémonos.

Un mundo inundado de locos,
unos locos siempre cuerdos;
son locos los ajenos,
es cuerdo lo inherente.
¡Lejos las sobras y boronas!
Doy todo, todo quiero,
¿o quizá mejor de a poco?
Abundancia y derroche,
excesos, sexo es mucho más,
humedales de crónicas enérgicas.

Se escapa y vuelve,
a sorbos, un hartazgo;
reiterativo el juego,
venerable desconcierto,
la belleza del caos.
Tu veneno es el antídoto
y tú la espina;
en nuestra anárquica libertad, vorágines,
las caricias pinchan.
Y, como dije, yo doy fe, lo firmo.

Ojalá algún día coincidamos en otras vidas, ya no tan tercos,
ya no tan jóvenes, ya no tan ciegos ni testarudos,
ya sin razones, sino pasiones, ya sin orgullo ni pretensiones, ojalá.

La senda del perdedor (Ed. Anagrama. Colección Contraseñas, 1985)

CHARLES BUKOWSKI

LXXV

LLEGÓ EL MOMENTO

En el esmero, trataba de descubrir
con quién merecía estar callado.
Es fácil hablar y muy difícil compartir palabras.
Una dulzura enmascarada,
una imagen entrañable,
una voz sensual.
En el sentir huero,
no merecía decir algo;
mejor silente.

El momento estéril fue resucitado,
tejiendo el tiempo que va viniendo,
sentía tu luz, oía tus abrazos.
Quizá fuese, lo desearía,
un momento cotidiano, a diario,
esperando tenerte en mis brazos
y expresar mis afanosos deseos.

Por entre los cristales, viento,
viento acariciando trigales,
apenas sin solivianto,
brisa apaciguada
solamente el vértigo de ti,
mantenerme sereno, plácido.
¿Habría perdido los aquellos?

Te estaba esperando,
los ánsares volaban a donde tú estabas,
apartando los aires y, a contraviento,
te vieron, te habían encontrado;
dejaron las prisas, volaban despacio,
con pérdidas controladas te anunciaron.
Estaba esperando que sucediera.

El trompeteo, el canto del pregonero,
que se asiente la tierra,
que no trepe a las estrellas.
Apareciste, dejaron de volar,
en la intimidad, eras tú el señuelo deseado,
mordido y atrapado a tus expensas,
me alzaste con tus frágiles brazos abiertos.

A la orilla de la marisma, sobre la hierba,
un abrazo, un beso, un quererte,
entre medias un deseo: estemos en esta casa,
quiero estrecharte por las intensidades,
apretada entre mis brazos, ampliamente
entre el cielo y el suelo, alcé mi cuerpo
para verte al raso; la tamizada luz hizo el resto.

Fui cortando pétalos para que anduvieras sobre ellos,
configurado el momento,
extendimos las manos para asirnos fuerte, soñamos,
mucho, apretados juntos, tangentes turgencias,
abrimos la manta sobre las flores de hierba,
cubrimos nuestros cuerpos,
secretamos viscosidades… y más besos.

La ventana del campo abierta,
cubría el tiempo;
de par en par el trance.

Enraizados juntos,
éxtasis,
momentos.
La experiencia de la caricia hizo el resto.

Desempolvada la alusión,
avivados, resonaron los interludios.
¿Cómo puedo desterrarte si quiero que estemos juntos?

LXXVI

Enamorado

Aquello que fue no es,
aquella llama no alcanzó ser ascua,
siquiera pavesa
y sin embargo te quiero.

Un error estar enamorado,
otro error quererte tanto,
más error, estar por ti chalado.
Lo siento por mí… te quiero y te deseo.

Estos ojos míos certeros,
puede que incluso equivocados,
apuntan a la diana,
quizá con la mirilla estropeada.

Son cosas mías,
no soy dueño de mis sentimientos.
Sé quién es guapa y lo aprecio,
también sé a quién quiero y deseo.

Cada vez más perdido ¡y ardido!
pueda que deba sentir menos,
ojalá un aspaviento,
extremo que no ansío.

A pesar mío y gracias a ti,
cada vez más te quiero.
En el error pienso, confundido,
¿otra equivocación?

No lo creo,
son cosas mías, íntimas,
superan mis sueños…
Miles de veces y siempre de ti.

Por entre el biombo abierto,
vivía la pasión
y en el alivio, encarnaduras,
dagas penetrantes clavándose.

En el agujero, el ojo de un voyeur,
pocos osan mirar, yo sí,
es mi intimidad, frágil, deslices.

No te preocupes, beldad,
estás en mi poesía y en mis palabras.
Envejecerás con los años,
pero serás siempre joven en mis páginas.
Kitab al-hubb, «El libro del amor» (Ed. Hiperión, 2020)

NIZAR KABBANI

LXXVII

AYUDA

Lo estaba intentando,
hace tiempo que lo hacía.
Mejorar era el camino
y al final de la travesía,
lo positivo.

Luchaba conmigo,
contra mí y los demás.
Dureza del día a día,
cuesta, desarrollaba
lo de dentro de mi cabeza.

Hábitos.
un sol alumbrando lo mejor,
Aprendí,
supe renunciar,
veía lo negativo, comprendiendo.

Sembré mi campo como quería,
el método crecido,
el vicio de la disciplina,
fácil en la rutina.
El esfuerzo fomentado, compartido.

La buena usanza era dominante,
quería que fuese mi vida.
Expulsé lo maléfico,
vivía y dejaba vivir.
Positivo, me apetecía.

Acicate, proverbio, equilibrio,
jardines y jardineros,
¡destellos!
Se alzó la flor
y la crisálida voló.

¡Cuidadlas!,
por favor lo pido.

LXXVIII

El estímulo abestiado

El único acto sexual innatural es el que no se puede hacer.

Anónimo (eso creo)

Quise estar consciente en mi descontrol,
no dudé, sacudí mi alma sobre la cama;
no era felicidad, eran anhélitos y sudores,
fárrago en un solo y fundido amasijo.

Vivir tomó sentido, en cosas así consistía;
despojado de mí y mi conciencia,
estremecedor, escalofríos convulsos,
desnudo de fingimientos, bullí.

Espejismo, lo quise con quien quería,
el momento descontrolado, embravecido,
alharaca, la atávica algarabía,
cuerpo y mente estimulados.

El imaginario de la fantasía consumado,
excesos y, en su recorrido,
el corazón acelerado a la cúspide.
Memorable el acicate, sexo indómito.

El sexo es eso: sexo y siempre lo será,
no hice el amor, libídine lascivia;
la mente dejada en blanco,
dejado de ir, el arrebato abestiado.

Olvido del placer, sensación, necesidad,
verdadero o falso, intenso,
imprescindible, fantástico y espantoso,
desahogo de la evidencia, convicción.

El tráfico de la mañana seguía su curso;
yo mi camino, por entre coches y gentes,
despacio, pensaba aquello sobrevenido.
El Edén era más que el paraíso.

Chutes de íntima oxitocina.
Ido, en las nubes enajenado,
seguía andando sin rumbo fijo,
no quería borrar lo ocurrido.
Un recuerdo, una noche, una mujer,
el estímulo en una cama y conmigo.

Pícaro y bribón,
¿habré sido un depravado?
Quiso convertirse en ninfómana,
pacto de regalar y ser regalado,
mensaje no verbal, el grito del vocablo.
Epicúreas partes ofrecidas.

Me erijo, poseo y entrego.
Agasajo ilimitado, embrutecido.
Aliviado los dos, en el diván pusimos el estrés.

De todas las aberraciones sexuales,
la más singular tal vez sea la castidad.

REMY DE GOURMONT

Su hermano, Jean de Gourmont, dijo de él,
una vez que hubo fallecido:
«Nada penetró en su inteligencia
sin antes ser acariciado por su sensibilidad».

LXXIX

El error

El error no es nunca puro,
puesto que, si pudiera serlo, sería verdad.

Benedetto Croce

Puesto donde debía estar,
justo al otro lado de la potestad;
aquí, solo, cavernario cerebro
sin haber empezado a pensar,
sin gasto alguno de evocación,
mañana será un día distinto,
traerá más de lo mismo.

Arrastrado y sujeto,
sobre mis manos caía todo el peso,
el de las sombras y los recuerdos.
Los que daban golpes con mazos de hierro
y entre fantasmales momentos
pudieron agarrarme unos labios,
evitándome levitar hacia lo hipotético.

Acechado de recuerdos, iba, seguía,
caminé hacia las luces
sin saber que era ofuscación;
temeroso y de a poco, miré para atrás,
por los matojos salían sonidos delirantes.
Entre temores y abatimientos,
anduvieron las pesadillas por el légamo.

No importa ya aquello que viniera,
el aire que hubiere espesado
ya no molestaría;
eran los silencios y los cuerpos yacidos,
aquello, el desánimo agotado.
Foráneo en esta tierra que ultraja,
a duras penas, algún ente determinado.

Callado, suenan extrañas mis palabras,
ecos demasiado cercanos,
no veo por dónde vienen, van yendo,
no tropiezan, van para allá, lejos.
La palabra cuestionada,
levedad del rastro,
la estela profanada era mi voz sin decir algo.

Entre equivocaciones, lo alevoso
y nadie lo desmentía,
agujeros frustrantes iban creciendo,
una fisura en la salida del trastorno amplio.
Está el miedo, vivir la soledad.
¿Autofobia de seguir estando?
Era así como querían.

Olvidados, con quien estar
habiendo quedado solo.
Yerran, luego coexisten.

LXXX

Anoche tuve un sueño

En el duermevela, soñaba más insomne que durmiente.
Absorbido, sentía, mi cuerpo no despertaba,
lo estaba mirando circundando la cercanía.
¿Era yo quien pensaba o estaría imaginando?
En su mudez, no me dijo nada.
Un fulgor de una luz apagada
o una sombra de una oscuridad encendida.
Mucho más que algo, veía una vida
que no estaba y sentía.
Dudaba.

¿Estaba adentro o afuera?
Ansiedad sentida de un tránsito,
durmiendo, olvidé que estaba fantaseando,
incluso que hube estado despierto.
Puede que ni siquiera durmiera;
perdido.
¿Una vigilia?
Mi conciencia no me hablaba,
callaba y, si acaso, gritaba.
¿Estaría dormido?

Veía con los ojos cerrados,
en mi apnea respiraba.
Veía todo y, sin embargo, no estaba.
Placer y pánico,
un miedo a los demás,
quizá horror a lo despierto.

Dormía con intrusos,
me inducían,
fijamente, la crítica: atáxica ansiedad.
Alguien malévolo quería soñar conmigo.

Vi mis ojos cerrados mientras dormía,
pudiera ser que en el entresueño
el sueño se hubiere roto
y esparcido los fragmentos,
todos eran miedos, censuras,
episodios predispuestos a convivir conmigo solo.
Me había oprimido el pecho, en el sofoco,
me estaba moviendo lentamente
sobre cascotes de escorias,
caminando por donde vivían las muertes.

Levitando en la caída, asido al viento,
flotaba, muy poco, iba cayendo
entre las sombras, muchas puertas,
todas entornadas, ninguna abierta.
Inane,
fuera de mí, una alucinación,
un algo vuelve a donde había estado yo,
posado, sentado sobre mí,
agarrado a mi pánico,
adormecía, intenté adormitarme.

Pensé, todo idealizado,
agotado,
estuve pensando,
¿qué sería ese aquello absoluto?
Mejor no pensarlo;
me hube despertado,
después de la ducha, un café,

meditando, no supe, ignoré,
había sido un sueño,
todo ilusorio.

Relajado,
me acosté de nuevo,
quería seguir soñando,
tampoco era tan malo,
peor lo que había afuera.
Me quité un peso.
Estando allí, descansé,
sin pasar mucho tiempo después,
me dormí.
Largo rato sosegado.

Había estado leyendo *La peste* de Camus,
nada ha cambiado, siempre los mismos
y así no se cambia, sigue el mismo fracaso.

En la irracionalidad antropogénica,
La peste es el absurdo,
la rata que vio el doctor Rieux sigue intacta.

LXXXI

EN POSITIVO

Yéndose los días oscuros,
el tiempo que no avanza.
De vez en cuando,
alguien dice que ya es mañana,
todos lo creemos.
No hay prisas. ¿Para qué correr tanto
si, en realidad, no nos movemos?

Quise vivir así, sin días,
para aprovechar las horas;
esos son los tiempos que vivo,
me estoy quieto,
si es que estoy donde quiero,
moverme sería otro sitio,
por muy igual y digno, distinto.

¡Y pudiera ser que ni siquiera con los mismos!

Que paren los almanaques,
que anden los relojes,
seguiremos teniendo muchas más treguas
el mismo día que estamos viviendo.
Aprovechemos lo que hacemos
y con eso tenemos bastante;
no perdamos más los ahora mismo.

El tiempo del mañana que viene
acaecía hogaño.
Hube experimentado la felicidad de estar,
yo, aquí, conmigo y en el mismo sitio.

LXXXII

AGUA *SALÁ*

¡Aún dicen que el pescado es caro!
A Joaquín Sorolla, in memoriam

Bonanzas de las aguas de la mar
se agitan, vienen y van.
La sirena de los barcos
avisan cuando arriban, anclan
y en los silencios se significan, se reiteran.

Tumultos, arramblan, hala la mar,
recalan caracolas con peineta de papeles,
mensajes escritos con sangre y sal
de aquellos que ya no vuelven, los embarcados.
Para esos, no tocaron los sigilos de los silencios.

La existencia yerta,
la página viva, ya agarrotada,
recordando alguna nota de un réquiem olvidado.
Mirando las cabrillas de lo sentido,
bancos de sueños alentados en el deseo.

Incorrectas negruras es el recuerdo,
temporales atascados en el sitio,
perfectos cumulonimbos alcen
volando, buscando marinos.
Otra vez se repite lo mismo; seducida ceguera.

Los pájaros marineros en tierra,
los hombres en la mar;
por paraíso, un temporal
y en el muelle unos niños
mirando las aguas vacías, sin algo que mirar.

No oyeron la sirena,
cielo amplio apagado y cubierto y negro,
contaban que mar adentro
se puso rebelde; amotinado el vórtice,
el ciclón fue tragando barcos y cuerpos.

Ya no vuelven, más huérfanos,
que no les hablen del fuego eterno.
El sonar estaba afásico, hablaba
solo para sí, quizá pensando,
un lamento aturdido, acallado.

Solas, fueron volteándose las campanas,
roto el gemido al silencio
en la cesura del repiqueteo
el eco, clamoreo del badajo.
Otros muchos incluseros.

La fe estaba salada
y el desorden era un espasmo;
grito, torbellino, ¿me importa mañana
si no tengo quien me hable?
Vayan tañendo gemidos.

Los besos serán para una losa de mármol labrada
y algún crisantemo casi chuchurrío.
Negros el crespón y los atavíos.
La inclusa acuesta.

LXXXIII

RECONOCIMIENTO

Aunque de signo contrario,
el derecho a vivir es el mismo que a morir;
¡muéranse si tanto ansían!,
déjennos en paz con vuestros tercos sentires,
cansa tanta milonga de la muerte.
Muéranse, descansen en paz y déjennos respirar.

*****

Ya llegará ese día, cuando quiera venir,
que el respiro yerto será tuyo, mío, nuestro,
no estaremos vivos y habrá vida.
Correrán los aires, quizá con polen y calima,
andarán sus tiempos y sus espacios,
habrá que entornar los afectos.

Seguirán en el respiro despierto,
nada influirá lo que hayamos hecho,
es su vida, la de ellos, no la nuestra;
esa la gastamos, quizá con provecho.
Más nuevos, menos gastados,
harán aquello que nos faltó haber terminado.

Dejemos que vivan,
tienen que continuar
y arreglar la heredada incorrección.
Ya que nos hemos ido,
dejemos vivir en paz, no arrastremos,
ya está bien lo de morir.

Sus soles de la vida, las correntías vividas,
serán sus hechos;
luz y agua, energía.
Digerida la sorpresa,
esos gritos de reproche
están sonando a cánticos.

Lo del fondo era un horizonte,
otro nuevo, actuales tendencias,
un razonable futuro deseado.
Caminando, van cambiando el mundo,
flotan en aguas nuevas,
avecinen las luces.

Crecen otros tallos, prometen,
saben lo que hacen.

LXXXIV

UN BESO SINGULAR

No habían terminado aún los fríos
y ya era primavera.
De tu boca germinada,
afloró el beso.
Lo estaba esperando y no me lo esperaba,
lo predecirías.
Tu impulso me sacudió,
abrió cerrojos inopinados.

Desvestida de aquello que te cubría,
despeinada de ese atusado aderezo,
desentendida de ese recato que traías,
desacicalada de todos los abalorios.

Déjame tocar tu piel,
un roce tuyo,
esencia de tus adentros
y si confluyes con tu ánimo,
regálame tu alma o te la inventas,
pero que venga de ti,
igual que tu beso,
tropiézate en mí acaso.

Florécete de ardor,
es nuestra primavera,
no escondas la corriente
del delicado beso que navega.

Besándonos entre nuestros silencios
de rincones ocultos agasajados,
revelaron el placer de aplacar la sed.
Echado al cuello, terneza del arrumaco,
como si fuese el último,
agasajado, memoricé la magia.
Húmeda fricción en el beso largo,
eternizado por dentro, perpetuo.

El impulso de los labios tuyos,
tu simbolismo representado,
a voces, la evidencia, nuestro secreto,
lamentos de clamores; gemidos y estruendos.

LXXXV

MI NIÑA
—Cinco brotes para un poema—

Alicia, Martina, Ariadna, Andrea y Gabriela,
mis Idus, los de mis buenos augurios.

Crécete, echa ramas, florece,
te veo y me veo pequeño,
sé tú y lúcete, mi niña,
saca tu corola de paseo.

Usa esa hoja que un día fue
hojarasca retornada, favorecida,
mira como brota el cariño
nutrido de todo, va sugiriendo.

Escarcha aplacada en la niebla,
apunta apenas ciertas voluptuosidades,
sigue erguida tu senda, mi niña,
antes de que se evapore, vive tú tu vida.

No sonará el olifante,
será la flauta travesera de los dioses,
resplandor de luz en las noches de luna llena,
acércanos tu noche serena.

Mi pensamiento va creciendo contigo,
me sereno al mirarte, mi niña,
préstame tus trascendencias,
tus posterioridades que nos dispensas.

Vive tus momentos en tus espacios,
ríos, agua, bosques, mi ninfa,
entornos tuyos donde crecen tus renuevos,
procúrame la voz dulce de tu metáfora.

Los pétalos de flores tuyas,
mi niña, van marcando el camino;
el que yo sigo, voy besando tu noche
con hilos de oro suspendido en tu mirada.

Tus sueños,
¡ay, tus sueños, mi niña!
Llévame en tu motivo,
te acompañaré en tu viaje.

No tienes límites,
capaz, tal como eres,
no cambies, eres diferente,
lograrás lo que tú quieres.

Tú eres la fuerza,
tu impulso, del mundo necesitado,
tu talento no es para ti, transmítenos
tu mensaje, tu legado.

Y si alguien te lo impidiere,
demuéstrale lo contrario, mi niña,
tú, potencial, tú, seguridad,
el desafío, tus sueños del presente.

Sé feliz, mi niña,
eres tan especial… única,
la sonrisa del día,
el futuro, tus opiniones.

—Sigue esa luz que eres, ilustra al cielo—.

Desafíos, cambios en tu vida,
ama lo que haces, mi niña,
estás en el brocal del éxito.
Busca y no te conformes.

—Crécete y sé la primera en pisar—.

Sigue creyendo en ti,
no te rindas, persigue tus sueños.
Tu vida es el recordatorio de tu valía,
tu potencial.

Tú y tu alegría, contágianos.
¡Tú sí puedes lograrlo!
Cuando lo hayas encontrado,
mi niña, tu éxito será mi felicidad

—y yo trataré de estar viéndote—.

Rotas las barreras,
hay un mundo de posibilidades,
eres la innovación,
la próxima generación de líderes.

Llevas la esperanza,
semilla del cambio,
mi niña, que se oiga tu sombra,
la vida crecerá contigo.

Te mereces todo un mundo,
un mundo sin límites,
no eres una amenaza, mi niña,
eres la promesa más justa.

Tu canto fue marcando la senda,
señalizaste la apotema y los vértices,
¡crece en confianza!,
te seguimos.

Sabré cómo eres,
cuando sepa cómo te he tratado.
Quiero escuchar tu voz,
¡pon tu grito en el cielo!

Mi niña, qué grande eres.

LXXXVI

¿OLVIDOS? NO, SUPO
—Una claraboya hedonista—

Hombres, ¡a mí qué me importan las espadas o los combates!
Yo solo sigo a una estrella: la del placer y la música…

Abū Nuwās

La pasión,
una mujer de las de una sola noche,
tacha una vida, se perpetúa;
las montañas hubieron raspado el horizonte,
el después no está a la vista.
Hasta allí, ya está, no hay más.
Estuve respirando el olor de los poemas.
Al igual que la amistad y la sexualidad,
no precisa cotidianidad. El amor sí.
Me fue robada la memoria,
aromas de nardos, jazmines y canela,
fueron rimando pensamientos
o un recuerdo imaginado.
Era un error,
después del olvido,
es el recuerdo lo que perdura.

Quise recitar aquello que sabía,
en mi error o en mi olvido,
en los dos,
no existía rememoración.
¿O quizá sí?
Alzado sobre una roca licuada,

declamé un silencio diluido,
recité en blanco lo confinado.
El poema era retazos de nada,
trozos de un obvio letargo sublimado.
¿Qué hubo desaparecido si nunca estuvo?
Había migajas de algo. Energía absorbida;
quería arrastrar al presente,
revivir ciclos sucedidos;
insana nostalgia.
¡Aquilatar el paso del tiempo!

Era ese mar de Basora
y los versos de Abū Nuwās;
aparté los legajos carcomidos de mi memoria.
Cegado en el sol de mediodía,
el cobijo era la penumbra de mi evocación;
busqué, orillado en ese mar,
zarpé hasta la cintura,
necesité abluciones lejos del piélago.
Recogido en las salcedas,
eran hilos, fueron saliendo hilvanes,
atolondrado, fueron versos que yo sabía,
no supe repetirlos, eran por dentro, callados,
estaba en el olvido de los recuerdos,
pero existían, acallados aparezcan.
Esa noche no llegaba de terminar,
esa mañana no acababa de llegar.

Sería.
El tiempo hubo pasado
o pasaría;
no sé cuándo.
Allá por cuando entonces ya la Hégira,
entre embriagantes y algo más,
iban deslizándose por las guedejas

213

cosas que pensaba y decía el poeta.
Basora lo vivió, fue testigo
y quedó escrito después de haberlo sentido.
Sus épicas iba diciendo el poeta...
No decía, emprendía,
vivía rebelde y libertino,
en el vino, ambrosía de néctares,
el erotismo homosexual, orgiástico.
En el califato abasí, una disoluta vida.

Él sí lo sabía,
hizo su vida,
la que eligió porque quiso.
Memorizó el arabizado desierto para no volver,
rebelado contra los nómadas beduinos.
Propagador de sus pecados,
con dulzura, con causticidad
y sin estímulo de clemencia,
él supo, él quiso y él lo hizo.
Báquico, crápula y amatorio.
Vivió lo que le apeteció,
hasta que pudo
o ya no pudo más.
Cuentan que al final murió.
¡Hasta siempre, Abū Nuwās!
¡Tú sabrás, licencioso!

Sé esquivo y avariento y a los aduares no hables:
sus ruinas, el saludo, no te han de devolver.
Maldice el cuervo de mal agüero de la separación.
Siéntate junto al narciso, deja atrás las espinas,
túmbate al lado del mirto, olvídate de las zarzas,
y por la mañana empieza a beber el vino.
¡Que ninguna prohibición te lo impida!

Quien combate los placeres que el vino acompaña
vive una extenuante vida de aflicción.

Cantar al vino (Ed. Cátedra, 2010)

Abū Nuwās

LXXXVII

PAPELES AL PESO

Sorprendido, me paré en la candela,
crepitaban letras;
algunas volaban,
otras precipitadas al suelo.
Las terreras, formaron palabras sueltas
y al tratarlas fueron versos;
el final, un poema.

Día a día, a diario, se oía el fuego,
alguien lo prendía.
Sería alguno bastante mayor, casi viejo,
la vida se le estaba yendo
y para que no se perdiera,
quiso encender su conocimiento.
Resultó ser un poeta.

Volaría a ningún sitio,
su legado de tantos años, inmenso,
nadie lo quería; papeles al peso.
Su sabiduría, sus pies en la tierra,
antes de partir a ninguna parte,
inspirándose en el crematorio,
tomó la sabia decisión de quemarlos vivos.

Repartía lo que tenía,
las brasas concentradas
y el aporte de su cabeza;
fumarolas de humo como páginas

recogían las pavesas cayendo.
Acudieron poetas, querían su legado,
donó todo a quienes lo quisieron.

Desde entonces abro las puertas,
las alegorías que escribo no son mías,
yo las recogí de la hoguera, de las brasas,
ascuas voladas que hizo aquel hombre viejo.
Los árboles que vieron aquello,
me ayudaron a armar las palabras,
palabras prestadas que hoy las hago mías.

El hombre mayor sabía lo que hacía,
gracias a sus fogatas,
lo estamos leyendo.
Los árboles aplaudieron,
los niños aprendieron,
algunos seguimos escribiendo
y otros lo están leyendo.

Antes de irme, cuando llegue mi tiempo,
haré una candela,
esparciré lo pueda haber conseguido.
No quisiera que fueren, asimismo,
papeles al peso o para liar pescado.
Puede que alguien lo quiera,
por si estuviere interesado,
ya lo voy avisando.

¡Que no se pierda el verso!

LXXXVIII

UN PÉTALO DE LA MARGARITA

Un pétalo de la margarita que deshojé
traía un recado tuyo,
decía que no olvidara
la noche yacida juntos.
Me emocioné,
no había yo pensado
ese deseo tuyo,
que ese día lo recordara;
sabiendo que viene de ti, me agrada.

Espero impaciente repetir
esos momentos; tú y yo engarzados.
Descubrir el lugar de un énfasis
o deslizar una mesura en tu aurora
de un pasado antes desteñido,
que, gracias a tu amparo asido,
pudo volar en el tiempo vivido,
el tiempo de tus horas.
En el embeleso, un delirio.

Cuando sueñes, intenta acordarte de mí,
yo lo hago de ti
y me alzo alto, en el asueto vuelo,
pero quisiera hacerlo contigo
y poder seguir recordando
esos días en que los dos…
volamos juntos.

Volvamos, alcémonos.
La magia, el tamaño del anhelo,
verismo sugerido de deseo,
imaginación de mis sentidos por dentro.
Inexplicable traza y certeza
y, sin haberlo pretendido, creé
un ramo de amor proclive al delirio.

Sanado en la rutina, un mensaje,
no puedo mirarte y reverberas,
anoche pude tocarte sin que mi mano lo supiera;
quisiera compartir este secreto, que fuese nuestro.
Huyó mi cuerpo, caí en tus manos.
Desperté enredado,
quisiera conocerte.

LXXXIX

Vivamos

El silencio no es nada,
solo mutismo y ausencias,
estamos yendo, resbalando.

Ligaduras con que estoy atado.
¿Epistemología?
Me arrambla,
nos hubiéramos arrastrado.
¿Quién?
Lastre que llevamos.

El freno me sostiene,
las bridas me sujetan.
Tiempos disgregados,
momentos, sí, los de aquí,
estoy y estamos.
No es presidio, pero ¿es vivir?

Sueltos,
peligro del goteo constante,
destilado, hubiésemos rodado.
El precipicio está ahí,
mejor contenido o lo contuvimos.
La caída en el final de todo.

Llegará la insipidez,
la vana degustación.
Me agarro, nos agarrábamos.

Ilusión de andar el camino puesto,
gota a gota del alambique, volátil,
falta mucho, aún nos queda.

Gestando la ausencia
en el mientras tanto.
¡Es primavera!
La vida en despilfarro,
desorientación inútil.
¡Ahorremos tiempos ya gastados!

La pared que nos separa,
la vida del después, del que no se sabe,
de la que sabemos del vacío que hay.
Lo otro es un sinsentido, olvídalo.
Esto es existir.
Esencias de luz regalada.

¡Vivo, vivimos vivos, vivamos!

XC

EL DESHIELO DEL ICEBERG

Creí oírlo lejos
y estaba encima,
me tapé los ojos,
tiempo hacía ya,
solazado, no quise verlo.

Supuse que era una música,
un sonido, estruendoso,
un soniquete que venía
y lo que fuese ya estaba aquí,
había llegado.

El mundo en el que me encontraba,
ese que era de todos,
nosotros, arrebatándole lo que ofrecía,
sus esencias,
sus esbelteces profanamos.

Perpetuado el marrón de otoño,
mayo seguía yerto.
Quiero ver ramajes verdes
y no hojas secas en las calles.
Auroras grises. ¿Recuerdos?

Miré por donde estaba,
torrenteras, agua a mansalva,
las heladas no existían,
témpanos licuados, álveo en su reboso
y polvo apisonado por los suelos. Barro.

Las luces, las trombas, los sonidos,
apresuraron sus consejos,
volví la cara para otro lado.
Vi niños enfermos,
¿el pífano había llegado?

Fui yo quien no creyó,
fui yo el ausentado.
Las bandadas de pájaros no piaban
y seguía oyéndolos.
No fue una flauta lo que oí.

El campo se hizo páramo,
el agua se marchitó,
el desierto se asentó.
La vida migró,
y en lo yermo y en el erial quedamos.

Arias plañidas,
odas enlutadas,
ausencias, son elegías.
Me encogí de hombros,
no supe ver lo que veía.

Ayudé a lo sombrío,
vestido de ropajes viejos,
descolgando los telones rotos,
luyidos andrajos.
Se quitó el tiempo.

Enjaulé lo vivido y la vida.
El sol nos abrasó
y, poco a poco,
con desgana y sin querer,
nos fuimos ahuyentando todos.

No era un pífano lo que oía.
Era un tañer gemido,
un gemido llorado,
un deplore parco.
Ni lo oí ni quise verlo.

Desvanecidas las huellas,
la convalecencia del sin espectáculo.
Sin enterarnos,
estuvimos anexionados a algo,
dejamos sucumbir sin coadyuvar.

Directamente y sin agonía,
del nido a la ultratumba,
la existencia se hubo ido,
huyó espantada.
Ni lo oí ni quise verlo.

En la ola del temor,
el control perdido;
el desencadenante
era peligro.
Ni lo oí ni quise verlo.

El arcabucero andaba
por entre los lindazos del pánico.
A ese, tampoco lo vi.

XCI

CIRCUNSPECTO

Las corrientes tienen un final
sin puntería ni infinitas.
Nunca nos llevarán al horizonte.

No nos dejemos acarrear,
hay que opinar ¿Soliloquio?
Es el camino.

El método del pensar,
intentar la conclusión.
Yerro como virtud.

El timo del embaucador,
oficio del falsario.
Nacido para ser adepto.

Las modas son efímeras.
Huir del tedio intelectual.
Hay que hablar.

Silenciar no es olvidar,
la eficiencia, una reflexión dicha;
me miré por dentro.

Encendí velas,
el sigilo habló
y dije.

XCII

EL RECUERDO SE ME OLVIDÓ

El recuerdo se me olvidó
en el pensamiento abismado.
Hubo un instante funéreo.
había existido,
desapareció.

Abrí los cajones,
no supe encontrar la evocación.
Neblinas espesas, raspones y tachaduras.
Tengo la prueba.
Existió.

Los cangilones del almanaque,
sucedidos y caídos en el tiempo.
Cíclico repetir del lapsus,
el ayer del presente que viene.
Olvidado.

La coraza rota y el arnés suelto,
quedé suspendido y sin aliento.
Desmoronado besé el suelo.
Esfumado en lo primordial.
Zozobrado.

No será para siempre
todo aquello que no hice bien,
lo mismo sucederá
si es que las cosas van mal.
Aupado en mi estrella fugaz.

Lo vivido ya lo he forjado
y viviré lo que viene detrás.
¡Ay de mí, lo que haré y lo que llevo hecho!
Y el corpus sin hacer…

XCIII

ASEDIANTE APREHENSIÓN

Atolondrado en el borde,
inacabables precipicios
allí, por donde habitan los infinitos.
Las manecillas en sus eternos ciclos,
sempiternas en el momento,
un segundo a otro sucedido.

El imán equivocado que repele
el norte a los ciento ochenta grados,
el sextante apuntando a las piedras.
Me habría gustado intentar el camino,
haber estado en el derrotero.
Por el viento, llevado lejos.

Un no encontrado para aferrarme,
una cadena corta donde anclarme,
alrededores depresibles, esponjosos.
Hubo un tiempo que estuvo lejos,
acercado en el deambular sin tino,
inmerso en mundos de vertederos.

Por momentos, el abismo se hacía grande,
los miedos afloraban por donde iba,
la voluntad sometida para el destino.
El criterio disgregado y repartido.
Fascinado en el superfluo aire,
embaucado en el inmenso inextinguible.

Condenado a seguir sin objetivo
—nacido en la perversión del determinismo—,
alimento, cavidad de falsedades dichas,
deslucido, la esterilidad del desacuerdo.
Protestándome en el asedio,
entregado a los harapos del sepulturero.

Sin ilusión,
el final renco.

XCIV

En el embeleso de la palabra

En el embeleso de la palabra,
allí pretendí quedarme un tiempo,
hube intentado dar significaciones a mis labios,
procuré ajustar el trazo.

En el encantamiento, me formulé instintos,
idearios, diáfanos desafíos,
me preguntaba lo no entendido;
intenté saber lo denso de sus cuerpos.

En el ínterin de lo aprendido,
allá por los límites entre lo sabido y lo ignorado,
transitaban mis búsquedas,
súbitamente, aparecía el vocablo.

En las formulaciones de ideas y cosas,
signaba en papeles blancos
la rúbrica del remedio pensado.
Alfabeticidad.

A veces fluía un poema.
¿Infausto?
No siempre, hay días.

XCV

HAY QUE VER LA NOCHE

Hay que ver la noche,
la noche tiene que ser vista,
vista y escribir en sus renglones,
renglones de pentagramas limpios y rectos,
rectos versos y notas y palabras,
palabras de poemas y sones de gorjeos.

Su luna en perigeo vino a mostrarse,
a mostrarse y a vernos,
a vernos acurrucados de sueños,
sueños de caricias tiernas,
tiernas ocasiones delicadas,
delicadas almas de mimos y requiebros.

Excitada la luna,
luna encendida y aledaña,
aledaña e incitada al agasajo y al bisbiseo,
bisbiseo en su itinerante halago,
halago del estímulos y afectos,
afectos de amplios y encandilados sosiegos.

En la noche encendida,
encendida en el bosquejo de sus sombras,
sombras abrazadas quisieron darme un beso.
Beso agradecido,
agradecido y con tropiezos,
tropiezos con los que fueron aflorando estos versos.

Estaba raso y, en su peregrinar,
me fue aluzando la luna… y sus silencios.
Ella tiene un ánimo…
y sus tiempos.

XCVI

TIEMPO, ESPÉRAME

Tiempo, espérame,
no me dejes solo en la mitad del no sé.
Se rompió el imán
y el norte se hubo ido.

Tiempo, abrázame,
quiero estar contigo,
que me vayas indicando
el saber por dónde voy yendo.

Tiempos alzados, juntos los dos,
quiero hablar de ti contigo,
que me vayas enseñando
y estar yo a ti asido.

Y si te apeteciera,
algún día haremos un poema.

A cuatro manos,
juntos.

XCVII

LIBERTAD

Faltaron días,
quizá un rato para ser dueño.
Me impusieron el criterio,
se me olvidó la entereza.

Pensar es pecado
y decirlo un atentado.

Volví y vi la luz del día,
de los soles de la vida,
de los que daba flores
y lo que hacía trinar a los pájaros.

En la casa había paz
y sosiego tranquilo en el aire,
el patio estaba fresco.
Los verdes revoloteaban sueltos.

Asido al quicial de la ventana,
un jilguero cantaba su pena.
Le habían hurtado el volar,
había aprendido a no estar.

Fijo, lo miré un rato,
entre la caña y el bebedero de barro,
atónito ahogaba su roto ánimo,
recuerdos, si viviese en libertad por los cardos…

Decidido en los míos
y al amparo de su nostalgia,
abrí la puerta de la jaula,
renació de nuevo un ser vivo.

Antes de perderse en el tiempo,
tuvo tiempo para posarse en una rama,
me miró y quiso echarme un trino largo,
voló hasta mí y vino a darme un beso

—un guiño en su mirada—.

Todas las tardes volvía,
volvía a donde yo estaba
y agradeciéndome lo que hice ese día,
volvía para cantarle a la vida a mi lado.

Tardé mucho en saberlo.
Él también se equivocará,
pero sabrá corregirse,
mi error le enseñó a hacerlo.

Para darle otro enfoque,
abracé mis errores;
la oportunidad de saberlos
la asumí, espero no reincidir.

Volvía el jilguero sin preguntar,
disponía del regalo de su libertad,
olvidó su pena discreta
de sus vuelos acotados por mí.

Aprendí la inspiración de buscar
mi propia libertad, la que le hube quitado,
pegarles patadas a las piedras del camino,

esas que yo puse con alambres
y una caña y un bebedero de barro.
Las quicialeras son para abrir,
no para tener preso.

Era yo quien le debía.
¡Qué torpe fui!

El ruiseñor se niega a anidar en la jaula,
para que la esclavitud no sea el destino de su cría.
Khalil Gibran. Obras (Ed. Losada, 2013)

GIBRAN KHALIL GIBRAN

XCVIII

EL TRAZO ENFOCADO

Y ese abrazo que a mí no me llega
y ese beso que no sé lo que es;
la mirada del pensamiento, aislada,
mirando al trasluz, el primer esmerilado.
Herido el lápiz, sangrante,
contuso grafito, ¡vagues!
caminado por donde debía,
fue dejando huella, estarza su cuna.
Fluyó algo de dentro
marcado el papel; dijo algo.
Quedose puesto.

Modeló el corpus asentado,
cotidianidades de vidas reales
o inventadas, fábulas por el hecho de ser,
vulnerabilidades de la condición humana,
antropogénico protagonista, bosquejo.
Delató aquello, vivió y vio,
el páramo donde pastan las hambres,
con la misma fuerza argumental de la corte,
amparada en la pobreza y la exclusión social.
¡Son pobres, ¿qué querrán?!
El trazo del dibujo era real.

En su mirada, gimió el grafito,
siempre tuvo el encuadre nítido,
discrepancia, antagónico de igualdad.
Equidad, mejor callar.

Disipar la vaciedad;
la finitud como forma de encontrar
y hablar el mejor bálsamo.

XCIX

DEMASIADAS ENSOÑACIONES

Dioptrías en la distancia,
bellezas enturbiadas,
pureza en la contigüidad.
Es la luz
y, en su caminar,
es esa misma luz.

¿Acicala lo distante?

Relacionable,
una primavera donde anotar
brotes salidos de adentro,
que alimentaren la materia.
Que el germen del afecto
sea la causa asentada.

Las sombras no saben de la mano.

Y ese viento que a mí no me lleva,
ese lucero que no alcanzo a ver,
solo me acercan los sueños.
El amor que espera
y los recuerdos,
me besaba…

De esos puertos,
una alucinación,
un nacer sin final.
¡Ay, si pudiera…!

C

Tiempo, quisiera

Quisiera pensar.
Quisiera saber.
Quisiera mirar.
Quisiera ver.
Quisiera tentar.
Quisiera estar.
Quisiera sentir.

Quisiera estar enamorado del momento
en el que estoy,
ese dulce, ajeno al sufrimiento,
que pudiese escribir queriendo hacerlo,
que mereciese la pena dejar constancia.

Hablar donde esté,
decir lo que piense,
soñar lo que quiera,
escribir lo que apetezca
y que nos lo devuelva indemne.

La canción del susurro venía sola.
Apoyar aquello nuestro y juntos
tocado con flores frescas de mirto
yéndonos al amparo de la adormidera.
Que me presagien cierto.

Que aquello que me alimentare
no fuere solo sustento.

En mi opinión,
que me diera tiempo,
que tuviere cosas mejores que contar.

Estoy cansado
y, a pesar de ello, aspiro;
préstame un lapso de esos.
El alma de la margarita
convive junto con ella.

Quiero,
me gustaría,
quisiera.

CI

DE CHARLA CON MIS ADENTROS

Sincronismo ausentado,
dime dónde y búscame.
Ya me enseñaste a ver el cielo,
encuéntrame un lugar en el mundo.
Me corroen el temor y la duda,
desazón, ir dando tumbos,
acantilar en la oscuridad.

Un corazón arrancado, que lata intensamente,
domeñarlo siempre se le escapa al propietario,
es fácil la tentación de jugar o ensañarse con él.

Esa vida que levita
entre la turbulencia y el orden,
tenía el mecanismo agotado.
Elíseo dormido, podía parar la Tierra,
lo miré y quise pedirme una estrella,
poder es arar con una yunta de doce bueyes;
fuerza y tesón es la profecía: perseverar.

El pasado, un activo intangible, se idolatra,
se puede llegar, dejándose posar en lo alto,
después, existen ideales, emergen cultos adorados.

La poesía no solo es tangible,
nos dejaría en la periferia,
es preciso penetrarla, atravesarla.
La única forma de poseerla,

atiborrándose de ella.
Yo hablo de lo que tú hablabas,
quiero pensar como tú, parecerme a ti.

Y cuando yerre en algo, buscaré otra perspectiva.
El vivir se esfuma, dejemos el ayer,
anclémonos en el voy viviéndolo,

Tu caricia sabía ser lista, nunca tenía prisas.
Tenía y sabía decir algo.
Recuerdo que iban volando vírgulas,
me conquistaste y me conquistaron.
Se oyen susurros por las calles
y había en la libreta cosas escritas.
El estío y las músicas me allanaron la travesía.

Soy aquello que viví,
liberé lo atrapado,
lloré con lágrimas de verdad.
Emoción en la respuesta,
zafarme de nada y de ella.
Saber de memoria el rostro de mi madre,
estar allí, saber del mundo tal y como es.

Me fasciné en lo vivido,
ideas sanas en mi cabeza,
inquietudes en la espera
y que fueren certezas.
Conmovido, desafié mi imaginación,
no lo sabía, me lo aprendí,
me invité a reflexionar.

Emocionar, inspirar y transformar:
crónica, sonidos e historias,
me comunico, me influí,

mientras vivía, traté de entenderme,
ensanché el furor de la inspiración fértil,
me trajo la paz, salté,
hice lo que cultivé y supe más tarde.

Tenía tiempo para hacer mucho o nada,
pude ofrecer cosas opcionales, estuve creando.
Quizá me conocí algo.

En la ocupación y mientras tanto,
fui a por ello,
viví y supe de mí.

Si amas una flor, no la recojas.
Porque si lo haces morirá y dejará de ser lo que amas.
Entonces si amas una flor, déjala ser.
El amor no se trata de posesión.
El amor se trata de apreciación.

BHAGWAN SHREE RAJNEESH «OSHO»

CII

HUBIESE QUERIDO DARLE LA MANO A LA NIÑA

Celosía colmada de lloros,
mi princesa plañía penas.
Penas engendradas en versos,
infaustos versos con rimas y llantos.

Se veía niña menstruada,
arreglada para casorio,
boda pactada, deleite y dote,
comprada, procaz, ascos.

Placeres de viejos ricos,
vestales para eyacular,
mancillada desde antes,
grávida de ponzoña y babas.

Viéndose llovida de repulsiones
—vulva de conveniencia—,
púberes precedentes habían madurado,
un himen nuevo, exaltar su ego —infecto—.

Las glicinas acogían sus gemidos,
abrazada en sus racimos de desalientos,
sollozaba sus vivencias,
afloraban elegías negras.

Besos al abrigo de las rejas,
albar cubierto de precio.
Tristeza penetrada
compartida con quebrantos.

Poemas desinhibidos
eclipsan violadores,
fugan ilusiones libres.
Libertad de ser mujer.

Violentada
—la ancestral ablación—,
preparar la fuga.
Su estigma, el pensar
o haber nacido mujer.

Perdóname, mi niña, por no haber estado.

En la vida hay tinieblas, mi niña,
pero también hay luces.
Y tú eres la luz de toda luz.

PHILIP ANTHONY HOPKINS

CIII

CÁNTICO DE ESOS BESOS

No se puede explicar aquello que se siente;
nadie es dueño de sus sentimientos,
me gustaría poderme perder, o mejor, enloquecer…
dentro los tuyos.

Me dejaba arrastrar en la luz de tu penumbra,
redimía mis realidades,
transportado a no sé dónde,
más allá de lo posible, tus besos.

Besos que adormecían mis heridas,
besos callados de tus gritos sentidos,
besos que abrían desgarros sensibles,
besos de adicción a ti, me resquiebras.

Sabía del color de tus besos,
conocía el sabor de tu alma,
resarcía el sexo ese beso tuyo,
ese íntimo, el del arrobo.

Cada beso, una mueca marcada,
arrastrado a enamorarme de ti,
almacenaba en el tiempo mío
a mi vida detenida; me llevaban.

Tus besos enseñaban a los míos,
esos que también besaban mi memoria,
ese del lamento que no se dio,
el que se repite en mi interior.

Besos para enmarcar,
nacidos para ser regalados,
esa intención codiciada,
esos labios engarzados.

Tu cómplice lenguaje de miradas,
tus manos acariciadas,
tu perfume anhelado,
tu alma hablada.

Desvaríos pasionales de tu ardiente boca,
besos sentidos de mí, por volverte loca.
Intensos como los da,
sublimes como los siento.

Besos para guardar,
besos de colección,
besos para pensar,
besos para evocar.

Recordando lo sugerente,
temblando en el tiempo,
evocando mi petición,
días de besos álgidos.

Quisiera no conocerte,
que tus besos fuesen prohibidos,
beso rendido, mágico,
besos tuyos, azorados, con rúbrica.

Le diste un beso a mi alma y se dormitó de ti,
la metamorfosis tenía sentido.
Tu música sonaba dentro de mí.
Nuestros besos… cuando nos besamos.

Tempo de tus besos,
música en el embeleso
de la callada ambrosía,
eternos…

¡Bésame!

CIV

MIGRANTE

Sentirse a la intemperie,
duele el agua que cae.
En la prisa del llanto que mira
inerte el gemido del silencio.

Levedad, soñada caricia,
podría ser si hubiera sido,
borroso el recuerdo traído
anterior a aquel momento.

Altivez, menguado olvido,
dejé todo por esto que no hay
ni tengo. Ciego el cántico,
pájaros oyendo el espanto.

Mudado, del recuerdo al destino,
venido sin semilla por dentro,
estéril el ánimo del tiempo,
llegado, ver morirme arrodillado.

Reminiscencias, pensamientos,
tesoro de foto rota, vahído,
despedido de este mundo.
¿Dónde podría estar estando?

Enfrentado, la verdad,
la verdad contra mí,
un futuro sin tiempo.
Perdí el pensamiento grabado.

Corrí en la prisa del vacío
para lograr pronto el desprecio;
sentado al aire libre del aireo,
clavado en el mismo sino mío.

En la premura del llanto
y en el sollozo callado,
olvidado, llegué sin ningún sitio.
Olvidado, que no olvido.

Empapado u oreado
ni apátrida ni paria,
a la intemperie del sin nada,
sinónimos.

Dañado, tanto el psiquismo
como la fachada del pellejo,
afrenta de migrante por subsistir,
la calle, una mazmorra gigantesca.

Ósmosis humanitaria,
canallamiento antropogénico.
¿Quién haría al hombre?

¿Dónde podré reclinarme,
que algún dulce abrigo tenga
mi desnudez?

«El jardín de Falerina», Autos Sacramentales (Ed. Plaza & Janés, 1961)

CALDERÓN DE LA BARCA

CV

ESE DÍA QUE VIENE

Corría hacia el peligro
sin protección divina,
ayuda de la nada.

La ciencia era mi apoyo;
el conocimiento, la medicina;
la humanización, el remedio.

Conversaba con el tránsito
de tú a tú, meditaba —mucho—,
me había provocado.

No me dejaba llevar,
puede que incluso dudara,
a veces me sobrepasaba.

Me miraba de cerca.

No había dogmatizaciones,
no había colombofilias,
no había triestrellatos.

El agnosticismo facilitaba las cosas;
lo etéreo, más allá, era un verso en el desierto.
Lo fútil no conduce a nada.

Los muy próximos me acercaban,
las realidades me arrimaban,
los sentimientos me avecinaban.

Ni contento ni orgulloso,
mi pragmatismo iluminaba mis sentidos,
me vinculaba a la razón de mis razones.

Me dolía el alma.

Jamás fue un lamento,
pero sí conviví y la sentí,
colindante, pared con pared.

Vivenciaba coreografías,
tradición de mis raíces, pretérito,
elenco de los míos, riqueza.

Evocaciones amontonadas:
desbrozando la memoria,
almacenados recuerdos.

Efímeros sueños despiertos,
prisas, querer reconocer,
frenos cortos —en momentos—.

Lidié el ansia.

CVI

ELEGÍA DESGARRADA

Me atrapó el desgarro,
piel de nada,
crisol de huesos y sangres,
delectación inmolada:
placer necrófilo.

Pasó, tuvo que pasar,
tendrá que seguir,
siempre así y seguirá;
no sé si otra vez ahí,
quizá en otro sitio.

El achicharrante sol seguía,
seguía teniendo hambres, acechaba,
creían que la sociedad sufría
y la solución, inmolar.
Espero no tener que revivirlo.

Las violetas no quieren abrirse,
los pistilos tienen que seguir encerrados,
no quieren que vean la luz,
tenemos una luna ciega,
mimetismo sin fraguas ni nardos.

Amores y desdichas,
triunfo de la pena grande,
sentir es pensar,
pensar es existir,
existir es luchar.

Luchar por no ensalzar,
no ensalzar a los verdugos,
verdugos eminentísimos,
eminentísimos bajo palio,
palios tapando singularísimos servicios.

La luna ciega los miraba,
miraba los borrones
horrorizada de verlos.
La luna decidió eclipsarse.
La luna lloraba, mejor no contemplar aquello.

¡Mi corazón salta cuando veo arcoíris en el cielo;
así era cuando empezó mi vida; así es ahora que soy un hombre;
sea así cuando me haga viejo o antes muera!
El niño es el padre del hombre, y desearía que mis días
estuviesen ligados unos con otros por natural piedad.

My heart leaps up –Arcoíris– The collected poems of William Wordsworth.
(Ed. Wordsworth Editions Ltd., 2011)

WILLIAM WORDSWORTH

CVII

Para un poeta y una aviadora

A José María Hinojosa Lasarte
y a Ana Freüller Walls, in memoriam

Tapias de San Rafael,
su padre, su hermano y cuarenta y tres más.
Acribillado.
Sus ojos, las ventanas de su lírica.

Cuatro días se llevaron entre ellos,
uno por ser poeta y otro por hacer poesía,
uno de Granada y el otro de Campillos.
La intelectualidad castrada como consigna.

Esa generación del veintisiete,
la que molestaba a tantos,
a los de un lado y a los de otro,
tenía que ser callada.

En tropel, hordas de torpes
pretendiendo turbar.
¿Silenciar a *Litoral*?
¿Enmudecer a quienes hubieren disertado?

Poesía de perfil, La rosa de los vientos
y su cumbre en *La flor de California.*
O en honor de Aleixandre, Cernuda y Prados
con *La sangre en libertad,* ¿premonitorio?

Enemigo del pueblo su otro problema social,
además de poeta, acomodado.
Lapidado primero en Vélez-Málaga
y una decena de días después, fusilado.

También era señorito, según la caterva,
y para colmo, pareja de mi paisana,
la precursora en la aviación malagueña,
la primera licencia en Málaga a una aviadora.

Dos familias pudientes emparentadas,
por volar no existía la pena de muerte social,
sí por pensar, escribir y expresar;
no se podían consentir despropósitos.

Un veintidós de agosto,
a José María Hinojosa Lasarte,
le dieron el paseíllo
junto a las tapias de El Batatal.

De nuestro primer trovador surrealista,
perdimos el surrealismo.
Mejor ignorarlo,
mejor no nombrarlo.

José María Hinojosa sigue escribiendo poemas,
sus herencias nos las van trayendo,
la aviadora Ana Freüller se encarga de ello.
Nunca faltará la poesía de José María.

El verso del aire se unió en el destino,
papirofléxicos aviones de poemas,
fusionados en el verso rimado del amor,
un aire envuelto en desgarros.

Pensar diferente, desde la honestidad,
maldición que se arregla a tiros.
Desde siempre odiar.
Abominan el brocado docto.

Y seguirán,
seguimos,
idéntico.

CVIII

QUERER QUERIENDO

Al infierno que te vayas,
yo me tengo que ir contigo,
porque yendo en tu compaña,
llevo la gloria consigo.

Joaquín, el de la Paula

Muriendo en el recuerdo del sabor de tu boca,
muriendo en los silencios tuyos,
muriendo en tu voz callada,
muriendo en tu tímida caricia.

El llanto aviva mis recuerdos,
el llanto en soledad oscura,
el llanto desgarrado de tu amor,
el llanto reflexionado en la súplica.

Sin miedo a la carga,
sin miedo a la asfixia,
sin miedo a la soledad,
sin miedo a la pasión.

La sencillez del anhelo,
la sencillez de la noche estrellada,
la sencillez de la luna invitada,
la sencillez llorada del instante.

—Para que no te olvides de mí—.

Amor, ese que escribió mi vida.
Me esculpiste el alma,
el hermético sello era importante.
Lacre.

CIX

Cantata pastoril de aquel jardín y sus susurros

—Sublimidades de esos ojalás siempre deseados—
Entre sí y no, por baches indirectos de parábolas, signos, planetas,
hasta lanzándose desde el campanario agarra un garfio,
pues el camino del cometa es el camino del poeta.

«El poeta», El poeta y el tiempo (Ed. Anagrama, 2024)
Marina Tsvetáyeva

El jardín remansaba el secreto de los corazones.
Hacer vivir un jardín, plantar esa semilla,
nunca morirá en la memoria.
Refugiado en el jardín, refrescar mis recuerdos
y descargar mi cabeza,
penetrar en su naturaleza.

—Descubrí, sentía, tenía alma—.

Mimaba el jardín, las mariposas tenían justificación, estaban.
Sus secretos, su regalo en la paciencia.
Jilgueros, verderones, chamarices y camachos
desgranaban sus partituras siempre frescas.
Hacían desaparecer resplandores
y tensiones, sombras apaciguadas.

Miradas recíprocas,
hermosamente consciente,

arrullado el lenguaje mudo, los silencios.
Leía pétalos manuscritos, tomaba apuntes de sus fragancias,
bosquejaba recuerdos.
Reblandecía sensaciones, quitaba aristas, encumbraba pitiminíes.

A los tallos les placía dejarse manosear por las brisas.
Borduras de arrayanes sabían de su importancia.
Con desazón, miraban a las camelias,
dolía, querían parecerse a ellas.
Donde los alhelíes, nardos y rosales
hacían levitar sus sensaciones más íntimas.

Los capullos de jazmines soñaban con su madurez
evocándose vespertina biznaga.
Los no biznagueados serían estrellas lloradas
derramadas por los suelos; alfombras de albares olores.
Pétalos sublimados alzados a los infinitos cielos.
Rosas de cien patenas.

La paleta de colores se multiplicaba,
monocromos y disciplinados,
efluían vida, estaban mordientes,
resbalaban jugos de rocío.
Racimos reverdecidos de glicinias
entre jergones albarizos, enmarcando arriates.

Donde el musgo tapizaba el rincón en su umbría,
donde la espita cantaba sus latidos mágicos.
Humedales de mantillo con sus almácigas,
sin tregua y casi a descompás, germinaban biografías.
Anhelaban que el almocafre las recostase en sus lechos;
querían ser pronto mocitas, pubescentes, ir gustando.

El jardín, sus estímulos, tentaciones plácidas.
Mariposas y avispas jugueteaban,

se entretenían, labores, hubieren libado.
Hay cosas que no se olvidan,
no todo es cuestión de memoria.
Me sentía honesto.

Algunas músicas me hacen llorar,
todas las que algo me dicen.
El soberao tenía techos infinitos.

No se apagaron los luceros:
solo se mudaron del cielo a los arriates.

*Poesías (*Ed. Trad. en verso de Emilio García Gómez,
Instituto Hispano-Árabe de Cultura, 1956)

Ibn Al-Zaqqaq

CX

VIVIR LA VIDA

La vida es algo, no es fácil.
El aprieto de una lúcida opinión,
hay que vivirlo
y si lo vives, copioso acarreo,
sabes lo que es vivir,
gozarás del sol.

La importancia de vivir,
el atavismo de lo atávico,
el renacer de lo nacido
—una no fábula con ilusión—.
La neonata vida, la del encanto crecido,
el momento lo abracé íntegro.

Hay que vivir lo vivido y lo que se vivirá.
Viví conmigo y supe,
aprendí lo sencillo,
me gustó vivir ese soplo de vuelo,
aprecié y aprendí la parábola;
tañí con los dedos, expandí el tiempo.

Genius loci.
No llores, vida, es muy bonito el destino.

El arte de vivir mucho es resignarse a vivir poco a poco.

Aforismos y Charlas de café («A la Mínima», Ed. Renacimiento, 2016)

SANTIAGO RAMÓN Y CAJAL

CXI

SE HUBO DESTEÑIDO EL SINO

Se hubo desteñido el sino.
La apreciación intocada
se hubo detenido.
Taciturnos los labios,
se quedó a un palmo del silencio
y todo aquello que no fue dicho.
Quedó anclado en la imaginación,
esa de los recuerdos, la de los olvidos.

Quise hacer luces, y estando el tiempo frío,
las ceras se hubieron derretido.
Intentaba brillar en la opacidad del instante;
colgado en los hilachos del tiempo,
el desaliño aprehendido,
afianzándome sin llegar con los pies al suelo.
Descuidado en el batacazo,
en el abandono tropezado.

Con voluntad de tundir los hilos,
quise anudarme los bramantes de cáñamo, seguir al menos un rato,
dedicarme unos minutos más a los mediodías soleados
y si algún día alguien me preguntara,
poder decir que tuve ocasión de aferrarme a la cordura
y no preguntes por qué yo un día estuve equivocado
ni explicar ese recuerdo abandonado,
que tanto tiempo me privó de estar en la vida habiendo estado.

No era un juego, era cuestión de amar,
poder ser amado y seguir amando,
eternamente enamorado.
Aún no lo tengo claro.
Tuve suerte, estuve y tuve un abrazo,
las pulsaciones tuvieron sentido,
me alcé y adelanté al reloj;
ayudado, pude sonreírle al llanto.

No estuve solo,
navegué y los golpes de mar no fueron estériles,
encontré quien me dijo que el sol había salido.
Siempre recordé que un día llegué a ser niño.

La verdadera patria del hombre es la infancia.

RAINER MARÍA RILKE

CXII

LAS ENCALAMADAS EMPUJAN A NINGUNA PARTE

Estas brisas que se encalman
parecen querer ser mudo mundo,
supongo que se paran como ofrenda al aire
de ese Dios siempre afásico.

La locura dominada en la mente,
derrame tozudo de pasado y presente,
ahogada en el repudio,
desposada en la angustia agobiante.

Viento empuja fuerte,
calmo, no acercas ni a los tiempos ni a la nada,
agóbianos con interrogantes,
seamos intrépidos, atados a los pensares de la mente.

No nos dejes vano,
inúndanos la boca en tu zumo versado.
Los árboles gritaban y les hice sitio, mientras,
tranquilo en la soledad de la almohada.

Y supe.

CXIII

EL MANSO

El atisbo venía lleno,
se desbordaba el cauce.
Cárdeno oscuro y *bragao;*
que navegue,
malamente navegaba.

Denso en su mansedumbre,
de arreones, parado,
por entre las tablas, aboyante,
amancebado con la querencia,
deambulando el derrote y orientado.

Largo en su fuga, huido,
eterno en su desconfiar,
encastado en buey, cabestro.
Velas hasta después del cielo,
renacieren los decimonónicos reinados.

Catafalcos de cornada y miedo
y en los cabos, crespones negros.

—Aplíquese a quien mejor convenga, que los hay—.

CXIV

En la soledad del ánimo roto

—Vi la raíz—
Recogido en mí,
callado,
me hubo llegado el silencio.

Apartado de todo,
erosionado,
me arrastré en el tiempo.

En las hélices de lo que agita,
embastado,
dolido en el momento.

Ayudado en la soledad,
ausentado,
desolado en la indecisión de los vientos.

Inquieto en el rugido de las fauces,
deshabitado,
sueño íntimo derramado.

Lastrado en el acento,
encadenado,
sin poder alzar el vuelo.

Inquieto en el palpitar interno,
interrogado,
vacío, orillado en el pretil del barranco.

Perdido en la cuerda imprecisa,
adocenado,
alterado en el halo sediento.

Sofocado en el zumbido de los gritos,
insomne,
umbral de abisales recuerdos rotos.

Mejor en la soledad del solo al final,
hilvanado,
me hubo asistido desunciendo la raíz del germen.

Y en el corpus de la jarcha,
algunos, a guisa de terceto,
lo hubieren escrito en su momento.

Laso.

CXV

QUEDA MUCHO POR HACER

Me contaban, no recuerdo quién,
por qué yo era así y no de otra forma.
Me decían que hace algún tiempo,
yo tuve algo que le decían memoria.
Al parecer es la causa de lo que soy,
por eso de vez en cuando siento cosas.

Me recordaba la misma persona,
asuntos de mi cabeza antes de que fuese barbecho.
Un alma que yo tuve, al parecer,
un día me hizo una súplica,
me imploró que no siguiera por donde iba,
que buscara por otros parajes.

Ahora, entre los clareos de mis lagunas,
vengo a entender aquellos propósitos,
intento buscar aquella palabra escondida
entre mares de silencios;
está donde mejor se asienta,
recostada en su bancada del pensamiento.

Alzado, miré hacia abajo,
procuré dar sombra,
hacer reír al aire y asir la vida,
la que hay, no hay otra,
no es permutable,
cada uno con la suya.

El ser como soy, el ser yo mismo,
es ser mutable, hurgar en este mundo,
dejándolo mejor que cuando llegué,
cambiar lo mejorable siendo yo mismo,
esa parte deseada a veces es el cambio.
Lo otro es letal, habría sido estar atrapado.

Profundicé un poco más,
que tenga el ganso a mano,
el haz de leña seca y los mixtos prestos.
Encendamos el fuego,
que el «hemos estado» sea mucho más,
mucho más que una multitud de fracasados.

Quedan capas por descubrir debajo.
Cavemos.

CXVI

ADIÓS, PALABRA

Vida, mi banda sonora,
todo preguntas.
Miraba la línea del confín,
siempre la misma consulta
¿qué habrá más allá?
Durante las horas,
quería encontrar la letra,
evitar la caída
que dijera.

La razón que existiese,
que fuese mensurable,
que no se quede flotando.
Inicuo es frívolo,
tener sustancia, oírla,
sabores, posos, simbología
que anegue los días,
esos que van quedando
del marco donde habitamos.

Percibimos inciertos valores
sin eco de cantos honestos;
nos perdemos lo aprovechable,
los pequeños detalles.
La vida sencilla,
sonrisas y agradecimientos,
el verbo exacto, dicho,
subraya el ánimo, su corpus,
el que no se compra ni es gratis.

La palabra está yéndose,
quise avisarle, que volviera
con sus dulzuras y crudezas.
Quería que me embriagase
como antes lo hacía,
como cuando decía,
antes de que los silencios se atiesen
y los labios resecos callen.
Hoy, alguien me ha dado los buenos días.

Y con el filandón, ¿qué pasaría?

CXVII

EL TRAZO ENFOCADO

Ibant obscuri sola sub nocte per umbram…
«Iban oscuros bajo la solitaria noche entre sombras…».

Eneida, 6, 268 (Ed. Aeneis. Liber 4, texto revisado y traducido
por Carmen Romero. Barcelona, 1986).

Virgilio

Y seguíamos…
la aventura, un riesgo impune;
sin ceder y anochecido,
la cancela del jardín estaba abierta.

Quisiera que comprendieses,
dormitar el latido…
dejándome caer,
fui yendo a sentarme en el brazo.

El sueño asomó a mi ventana.
¿Amaneciere?
Sería pronto,
con suavidad, seguí vagando.

El camino se veía largo, recto,
continué andando.
Los sueños no prescriben.
Los necesito.

Los de aquel tiempo, los que éramos,
ya ni nos parecemos.
La soledad, como designio,
fue algo que adquirí al cabo de muchos años.

La destrucción no tiene belleza,
solo la aberración,
la viven y la ven los depravados.
Por eso me alegro de que así fuesen malditos.

Y con ahínco,
aplaudí de pie.
El espectáculo existe,
los espectadores pareidolias.

Telón.

CXVIII

REENCUENTRO

Un concierto es siempre efímero
y al mismo tiempo inmortal,
casi tanto como esa cerúlea bóveda,
la de los vibrantes azules en sus ritmos.

Lo sempiterno es después
y todos quieren que sea ahora.
Santa Teresa, antes de ser monja,
estuvo limpiando perolas.

Berceo, Boscán, Juan Ramón o Gerardo Diego,
Baudelaire, Verlaine, Khalil Gibran o Qabbani,
Rubén Darío, César Vallejo o Gabriela Mistral,
ellos, al completo, fueron mortales antes que deidad.

Todos me ven desde el púlpito,
ni apogeo ni álgido ni supremo.
¿Qué lado oscuro tengo que cruzar
para que me vean a ras del suelo?

¿Por qué tengo que estar en mi contra?
¿Por qué tengo que ser mi verdugo si ya soy víctima?
Mi conciencia clara me pone sobre aviso,
no olvido ser persona humana.

El juicio es de quien lo emite,
no lo hago mío.
Veo salir el sol por el este y el ocaso por poniente.
No me alquilo, respiro y tengo la puerta abierta.

Los jardines están sobre el terreno
y la vida tiene que caber en la mochila.
Necesito exhalar lo sentido
y, a veces, aflora una poesía.

Cuando llueve, me mojo
y ando en los zapatos míos.

CXIX

SEPTUAGENARIO

Vivir tu edad es fantástico,
ponderar la senectud, como virtud,
es una utopía o un engaño.
Lo vivido ya está hecho,
ahora es la espera;
con dignidad y viviéndola,
ufanado de ella,
pero esperando.

Magnificamos la perspectiva.

CXX

CUESTIÓN DE AMOR

Quise querer y llenarme por dentro.
Si hoy es un día cualquiera,
¿por qué te quiero mucho más que antes?
De los días grises aprendí el abrazo,
de los soleados, el no poder vivir sin ti… y el beso.

Eres el mensaje esperado,
eres el aura por donde vuelo,
eres la razón del destino a donde navego,
eres la persona que siempre quise encontrar.
¡Tropiézate conmigo!

Una vez soñé que había soñado,
quisiese que fuese verdad.
Tenía el vínculo, me faltabas tú.

Y de ti, el contacto.

CXXI

Desembocando riadas

La cacimba seca,
roturaron hasta el aire,
algunos troncos yacidos
y el cielo vaciado de creencias.

Ya venían las torrenteras hechas,
caían desde los nubarrones negros,
por donde estaban los jergones de penas
fue llevándoselos a los infiernos.

Se hubo desbordado el cielo
y cayó en la árida tierra despoblada,
talaron todas sus venas
para poder urbanizarlas.

Esperaban en la orilla las almejas,
sus orejas de par en par abiertas,
oyeron aquello que iban trayendo las aguas
y, horrorizadas, cerraron sus valvas.

Terso el filamento y afuera con lágrimas
fueron enterrándose ellas solas en la arena
para ir soterrando las penas
antes de que los mares se estresaran.

¡Que el álveo no llegue a la orilla!
¡Que el agua se quede en su lecho!
No mojes la mar de diretes sucios,

que sea espejo de estrellas por las noches
y en los amaneceres, cunita para las albas.

Sobre la arena, pantalanes de rotas barcas.

Que no lleguen las aguas sucias,
que no pringuen la arena montones de cañas,
agua, cálate a los veneros, sácale
provecho al desatino del hombre;
al menos, que puedan beberte los árboles.

Marinero, ayúdame,
quisiera poder protegerte,
que brille tu paraíso;
no sea que por nosotros se inquiete.

En el hechizo, olía la mar,
quedose quieta
y por los infinitos
se hubo asentado el cielo.

Habló la mar, dijo,
serena y atenta, oyendo,
no sea que fueren a despertarla.
A su modorra le quitó el agobio.

Todo puede aturdir,
aprendamos a leer de otro modo.

CXXII

LA GALGA ALBAHÍA

Galga, tú, de cabeza chica y sesera inmensa
en tu remanso de quietudes infinitas
y eclosiones intensas,
entre campos llanos y dormitaciones al sol,
el corazón amplio tuyo ofrecido al ámbito.

Galga, déjame resbalar contigo en tu carrera,
yendo apartando los aromas de tomillo y jara
en los aires fugados de la campiña quieta,
liviano, entre la flor del mirto y la adormidera,
enséñame de ti, sosegada y serena.

Galga, busca y encuentra tu paz íntima,
la que en tu vuelo apenas rozas el aire,
en compañía de la sombra que proyecta tu vórtice.
Luz tuya alumbrada por fanales de amapolas,
con la esperanza de aquello que te llega y te lleva.

Galga, son tus ecos de los amores que impregnas,
contigo, en la noche de causas tuyas con estrellas habitadas,
el alargar estilizado, y tu mirada,
tus musculadas alas huesudas llenas de anhelos arraigados,
en la tranquilidad de sueño que se recuerda.

Galga, aquietada, reposada y callada,
los silencios tuyos descepan el espíritu.
Oía el eco ofrecido que en el sigilo sonaba,
viene y vas alzada por donde surcas,
deslizado en tu beso que me llega.

Galga, tú eres la calma,
la almadía varada y quieta, plácida.
¿Y tu hipnótica mirada que me indaga?
La mesura que mira y ve.
Vida lenta.

Asumo contigo mi mejor versión de mí.
Tranquilo estoy a tu lado.
De momento, los dos y hasta no sé cuándo,
seguimos estando.
Ariel, la Galga Albahía.

Posfacio

Viene a cuento este posfacio, después de haber tenido la necesidad de plasmar algo. A veces es en un lienzo y ahora, como es el caso, me han servido unos espléndidos pliegos de 115 g/m^2, ya amarilleados, guardados para alguna ocasión que a mí me pareciere señalar.

En el ámbito personal y desde que la poesía se implantó en mí, allá por 1992, ha encontrado o me he encontrado en el rincón medicinante, anímico que no físico, con el que dialogo y discuto, algunas veces incluyendo mamporros, con mi yo interior, con musas o sin musas, con cantoras celestiales o sin ellas y sin Zeus, pero invariablemente, satisfaciendo mi enriquecimiento más recóndito. Tener la mente vacía es un desperdicio de nuestras facultades, siempre deberíamos estar atiborrándola de pensamientos, expectativas, planes y preocupaciones. De esta forma, podemos enfrentar y conocer —llegado el caso, disfrutar— aquello que nos rodea y sucede de una manera más natural y suelta.

Estas páginas escritas son parte de esa exigencia que brota con inclinación a exhibirse, con necesidad de intentar trascender, aunque sea poco. El poema, por sí mismo, es fugaz, un soplo al aire derramado en el viento que llega; sin embargo, el poemario embalsama a las poesías, dándoles durabilidad. Esta razón por sí sola incita la volatilidad del verso libre y soberano, el que emancipa, deshace y desabotona, soltando aquello que se pretende, sin esclavizarse y sin anudarse, permitiendo casi sin querer, precisamente con el límite que le impone la línea, enfatizar lo que persigo e intentando fluir lo más limpidísimamente posible y, si fuere posible, perpetuarlo, aunque no sea tan largo el período que pueda lograr como el por mí deseado. Apena nos queda espacio para tratar de sosegar el tiempo. La placidez es una apariencia sin apenas pátina.

Asenderado por aquellos que me precedieron, tuve ocasión de haberlos podido leer y decantando el corpus que en el correr de los años me hayan podido dejar algún tipo de poso, me gustaría poder estar a la altura de lo que imagino pensar, por lo que, en lo posible, pretendo apartarme de retóricas, espiritualidades imaginativas y hermetismos que me puedan llevar a vaguedades expresivas, batallando con un verso expresivo de matiz diáfano, de densidades y concreciones, descargado de baladíes bonituras, con lamentos a veces tendentes a evocaciones elegíacas hacia lo más cercano, tanto en el ámbito personal como en el entorno social, no exento de alguna loa apológica.

Para muchos, en especial aquellos que creen representar algo, la poesía es un pertrecho conflictivo y, además, tiene un riesgo añadido al existir la posibilidad de perdurar en el tiempo dejando constancia de su momento nacido y asociar este a nombres propios.

Por citar a un grupo muy concreto, sin más intención que la propia alusión a algunos, su trascendencia y su obra, todos ellos muy admirados por mí, a los excluidos acmeístas, caso de Anna Ajmátova con los aprisionamientos de su pareja, el historiador Nikolai Punin y de su único hijo Lev Gumiliov o el trasterro de Ósip Mandelstam y su esposa Nadieshda Jákovlevna e incluso, además de la cárcel su fusilamiento, como le sucedió al primer marido de Ajmátova, Nikolai Gumiliov. Tanto este último junto con Mandelstam, son conocidos como «los poetas sin tumba»; nada más se supo de ellos. Ironizaba Mandelstam cuando le decía a su esposa Nadieshda: «¿De qué te quejas? Este es el único país que respeta a la poesía: matan por ella. En ningún otro lugar ocurre eso». Mención hecha con estos poetas, por no incluir a tantos de los nuestros, algunos de ellos tremendamente cercanos en la distancia y en el tiempo. ¡La poesía es un peligro!

El verdadero poeta es aquel que logra construir, a través de su poesía, confabulándose o reduciendo el riego y ultimátum sobre lo vital del humano. El poeta asume sobre sí mismo todo el peso —los riesgos— que acecha a su obra; una demasía de clarividencia, al poder ver los peligros que escrutan a esta humanidad en la que nos encontramos y que otros o no alcanzan a ver o simplemente no quieren ver. Ni lo desean ni les interesa, un exceso de deslumbramiento en el que, lejos de ver, puede que los lleve a enceguecer.

Escribía en 1962 Emily Dickinson su poema *Me encierran en la prosa,* considerando esta como una jaula donde priva la libertad que el poema le regala, para poder decir aquello que es sentido desde dentro: «Me encierran en la prosa /Como cuando de niña / Me encerraban en el armario / Para que estuviera "callada"». La poesía no es la acción fingida como lo es en la narrativa; la poesía es la expresión que expande, por medio de la palabra las emociones que siente el poeta en cada momento.

La brevedad del apunte que transige el verso no deja de ser una descripción anecdótica, a veces superficial, otras algo más íntima, pero siempre forzada desde la necesidad de plasmar un sentimiento vital. Puede que en cierto momento brote con algo de lirismo o incluso lleno de banalidades, por qué no, lo que no le impide haber aflorado, aunque sea viaje de un solo día o de un momento en la instantaneidad. Al ritmo que vamos, llegará el día no muy lejano en el que los poemarios tengan etiquetados diversos pictogramas advirtiendo de su riesgo y peligrosidad, como si fuese un producto inflamable, que lo puede ser e incluso explosivo, que también. Las anatematizaciones que se están viviendo exhortan a ello.

«… Inquirir acerca de la naturaleza de aquello que presuntamente sería "puro" y "recóndito", en oposición a aquello que sería "confuso" y "común", puede resultar una tarea ardua sin garantías de éxito y con el riesgo de que termine, además, insistiendo en la defensa de una versión idealizada de la poesía. Versión que implicaría, por ejemplo, suponer que en ella no habría espacio sino para las sublimes bellezas de un mundo ajeno a las impurezas y monstruosidades de la vida. Me seduce, en cambio, pensar que es en la poesía, precisamente, donde las impurezas del mundo se vuelven significativas, entendamos: desbordan su condición primaria de "impurezas", pues habitan, hacen presencia iluminadora, en el lenguaje poético…», en *The poetry of language. Regarding the creativity of words* (La poesía del lenguaje en torno a la creatividad de las palabras), Sergio Mansilla Torres, Universidad Austral de Chile (Chile, junio 2020).

La palabra, inmersa en su hábitat del verso, puede alumbrar ciertas evidencias incriminatorias proclives a trabaduras disfrazadas de inocencia, en aras de censurarlas, tildadas como escollos saludables en evitación de arriesgadas tentaciones garante de la intencionalidad maledicente. En tiempos deplorables y no tan lejanos, se recurría al ingenio, dobles lecturas, metáforas, parodias, etc., llegando a que muchos de los propios poetas, antes de que la tijera del patógeno censor amputase su trabajo, voluntariamente y donde ellos consideraban que se podría medio hacer o infectase menos, sometían sus trabajos a un proceso de autocensura. El habitualmente mordaz Ovidio fue enviado por Augusto en el año 8 d. C., dicen que relegado para evitar decir exiliado, a Tomis, la ciudad romana capital de Moesia Inferior, la que más tarde se convertiría en Constanza (Rumania), porque el emperador no aguantaba su sentido del humor, su sarcasmo, su descaro y su osadía.

El poeta siempre se ha visto, y se sigue viendo, acosado por cualquier motivo, por insignificante que este pueda ser, para que el sempiterno inquisidor que siempre está trate de buscar la ridiculez de *encontrarle los pelos al huevo.* Siempre hay un insensato creando problemas donde no existen o bien centrándose en trivialidades, en lugar de en los aspectos relevantes. La verdad es que suelen ser bastante torpes y están pensando más en su función de tiralevitas antes que en la de desaprobar, si es que existiere algo de ello. El criticón que moteja, antes de hacerlo, es aquel rastrero que, con actitud falsa y fingida, halaga, da coba y procura ganarse las simpatías de sus superiores, en beneficio propio del presente o futuro. José Bergamín, si estuviera entre nosotros, sabría a qué me refiero. Primero, en 1933, cuando funda y dirige *Cruz y Raya,* donde publicaron Ortega y Gasset, Maritain, Gómez de la Serna, Marañón, Antonio Marichalar, Max Jacob, Zubiri, Muñoz Rojas, María Zambrano, Maravall, Falla y muchos otros de una larga lista que se haría interminable, lo más granado de nuestra intelectualidad. El poeta y su poesía, a través de su obra, rescatan al ser humano del ostracismo. Ya más tarde, en sus rocambolescos exilios, en el México de 1933 a 1947, cuando funda allí *España peregrina,* nos definiría lo que es tener que estar en el exilio y verse obligado a tener que ser un disidente. Al José Bergamín persona, por el José Bergamín poeta o viceversa, puesto que no se pueden desmembrar entre las dos identidades, esa imperecedera voz disonante y nuca silenciada llegó hasta tal punto de verse privado de la nacionalidad española. Sin documentación, sin identidad, él mismo se autodefinía como «fantasma». *Inquisitio aeterna* (Eterna inquisición).

Desde siempre, vienen existiendo dos actividades de muy alto riesgo: la del profesor, por tener el arrojo de enseñar, y la del poeta, por su insolencia de ver y además decir; a las primeras de cambio, son los primeros a quienes abaten y han sido muchos. ¡La desvergüenza de saber leer, escribir y decir!

Hay que reconocer que en todas partes hay serviles y rastreros y estas ocupaciones no iban a ser la excepción. Tengo que citar, por obligación, a los *Cantos iberos* de Celaya; él supo y padeció con creces su desfachatez de saber ver y pensar, ¡y además manifestarlo!: «No es una poesía gota a gota pensada. / No es un bello producto. No es un fruto perfecto / Es algo como el aire que todos respiramos / y es el canto que espacia cuanto dentro llevamos. / Son palabras que todos repetimos sintiendo / como nuestras, y vuelan. Son más que lo mentado. / Son lo más necesario: lo que no tiene nombre. / Son gritos en el cielo, y en la tierra, son actos». «La poesía es un arma cargada de futuro», *Cantos iberos* (Ed. Turner, 1977).

Mientras la palabra se acomoda y dormita, la mayoría de las veces, crea desde el preciosismo del lenguaje y su mención, allanar su retentiva, lo que no deja de ser un recurso más. Es todo, un léxico que dice, un verbo de las aptitudes somáticas y anímicas, siempre íntimas, de la vida, de las personas que por aquí estamos. ¡Una elegante gallardía!

El poeta, cuando logra plasmar algo y además editarlo, siempre está pensando en aquellos posibles leyentes que puedan encontrar un pellizco en sus versos. Rara vez un poeta incluye alguna explicación a pie de página, puesto que da por hecho la no necesidad de tener que aclarar nada. El lector de poesía no precisa de aclaraciones. Partiendo de esta premisa, el lector de poesía es parte de ese pequeño y selecto grupo de personas que se caracteriza por la introspección de lector y la expresión de sus sentimientos exhibidos en los poemas descifrados. Por otro lado, el poeta no narra una historia previamente esquematizada, sino que expresa su estado de ánimo, el que tuvo en el momento de escribirla. Esta consideración implícita obliga al leedor a realizar un sobreesfuerzo al tener que interpretar lo pretendido por el poeta. Un poema es la máxima expresión del sentimiento de su autor, para con quien le hace el favor de leer su trabajo, que no es poco y por eso nunca se lo agradecerá suficientemente. La poesía lírica siempre es una expresión subjetiva y no necesariamente referida a él mismo; el poeta no tiene por qué expresar un sentimiento que él pueda sentir en él, un poema puede ser una exposición estética de un sentimiento personal o referido a terceros. Por esa razón, la poética de un autor en concreto o perteneciente a algún movimiento literario muestra el conjunto de sus rasgos personales, connaturales y, al individualizarlos, los deslinda con los otros que puedan tener diferentes autores o al movimiento literario en el que estos puedan estar imbuidos. La palabra está dentro del poeta, inserta en sus adentros más íntimos; el papel es simplemente un soporte, el andamiaje donde se sustenta.

Reencontrándome con Hans-Georg Gadamer, en *Verdad y Método, vol. I* (Ed. Sígueme. 2007) hace referencia a la poesía como el género literario por excelencia; para este maestro de la hermenéutica, no deja de ser el instrumento del que se vale el hombre, el poeta, ante el juicio final. Para Antonio Machado, «la poesía es el idioma de la conciencia vigilante».

Mi ámbito por un axioma digno, mi reino por la creencia de lo correcto y mi moralidad que fuese acertada; desconozco todo y no quisiera desbarrar demasiado. Amanecer estando despierto y sin estar entumecido, la fragancia de los cítricos, el aroma del café acabado de hacer, la atracción por ese volátil arrebato feromónico. Las calles parecían recién adoquinadas, regadas y carentes de tráfico. Mientras esto venía ocurriendo, veía volar armonías del concierto para piano número 1 de Rajmáninov. Sería idílico, mejor dicho, sería poético y sin desgarrones. De tarde en tarde, tomo café en esa calle sublimada, húmeda aún por el baldeo, nevándose con los azahares de los naranjos cachorreños que por allí hay.

¿Serían ciertos aquellos anhelos?

¿Qué podría hacer más para mejorar el estímulo de mejorarme?

¿Me podrían pautar un tratamiento que me potencie ser mejor?

¿Y de verdad tendría arreglo?

La poesía ya no sigue esos tradicionalismos fatuos de credo o ascético, de amoríos con papeles en regla o adúlteros, de bucolismos o pastoriles; muy al contrario, abre la mano a las realidades que nos rodean. Sus testimonios, el proceso natural de memoria y verdad y, si fuere posible, la más amplia justicia ejecutable que haga efectivo el derecho a esa sinceridad reparadora y no a la repetición de tantos errores y horrores. Que la neuromoralidad, si es que existe, no sea una quimera. Desde mi idealizado mundo, creo que irrealizable y tratando de evitar males mayores, vengo escribiendo poesías. Es terapia y me gustaría que sea esa receta magistral que tanto ansiamos o, al menos, yo deseo. ¡Qué buena rebotica es un poemario!

Decía Bergamín que «el aburrimiento de la ostra produce perlas» y, casualmente, ensartada en *El arte de birlibirloque* de él, tengo una nota manuscrita mía de algo que pude leer en algún sitio no recordado, del maño Rafael Conte y cito textualmente lo por mí asentado: «En España, el mercado poético es pequeño, casi inexistente, y se refugia entre los poetas y profesores, ya que los medios de comunicación expulsan de su seno a la poesía. Y, sin embargo, sin la poesía no hay nada. Los surrealistas se adelantaron a la vanguardia, los poetas latinoamericanos al boom de la nueva novela de aquel continente, los poetas sociales españoles a la narrativa social y los novísimos a la nueva novela. La poesía es el centro, el crisol, el espacio mágico en el que se produce la literatura verdadera, aunque nadie parezca enterarse de ello. Todo lo demás es —somos— resultados». Desconozco el contexto donde pude haberlo leído, pero creo que es suficientemente explicativo y, al menos, tuve suerte al anotar al autor de la, para mí, sentencia con visos de máxima y de esa manera poder hacer esta cita sin que sea apócrifa.

La ligereza de lo volátil, tanto en el verso desatado como en esa prosa proclive al lirismo de un pensar, por su levedad, puede inducir a veces a un retrato, a un aforismo o a una narración romanceada. En algún momento, desde el intimismo poético, me puede llevar a masticar inquietudes alarmantes, más allá de una artificiosidad en el paisaje imaginario o a una belleza ensoñada. Si en las églogas de Garcilaso es una pifia antinatural no incumbir al amor con el amor, amor correspondido a rajatabla, el poema, hoy en día, pierde su esencia de existir si vadea esos derroteros en exclusividad. Hay amor y vida, y más realidades; el individuo siempre impulsado por sus propios sentidos definidos, puede que en su osadía, es como le va determinando el instante en el que vive. Mucho más allá de ese amor, amor entendido en su más amplia expresión, incluyendo en el mismo tanto el adulterino como lo que antes eran hijos bastardos que ya no. En la actualidad, nos guste o no, hay que saber tasar la realidad que nos rodea y en la que estamos inmersos, lo que nos hará más serenos y, a la vez, más enteros, más sanos.

La poesía, como todas las creaciones artísticas, es una de las columnas que sustentan las humanidades. La poesía no se piensa, es emanada de forma natural, como necesidad, brota y fluye; pertenece al espacio reservado que ella misma se ha buscado. Abarca caminos dispares donde confluyen las emociones, la imaginativa, las sensibilidades, los conocimientos y, en definitiva, la importancia del ser humano. No nos lleva ni a análisis ni a autentificación alguna, pues no se trata de alguna rama científica. No obstante, por vericuetos que les son inherentes y ajenos totalmente al mundo científico, ejerce un espacio decisivo en la constitución de la sociedad y del individuo.

Partiendo de que no existe línea alguna, por muy fina que esta sea, es igualmente válido lo que franquea el amor y el desamor, lo honesto y lo impúdico, lo moral y lo venable, lo ético y lo indigno, lo que trasiega entre el rasgo de austera decencia personal en lo que refiero, lo que intento y lo pretendo… quizá. Dice o debería decir.

Ese vocablo casi suelto, semiaislado y casi sin dueño, me puede transportar a señalar incluso más de lo pretendido, a abarcar más inmensidades de lo que me está permitido expresar, lo que podría ser capaz de englobar y resolver, desde el obligado recato, un denso y cierto barroquismo, bajo el manto lastrado de un renacido neogongorismo, obviamente no intencionado.

A veces pasa, han sido muchas las *Palabras prestadas* de los que sí han sido.

PEPE CRIADO

Diamantes de luna en el mar
regresan la luz
alumbrando el camino,
hacia el infinito
donde todo es luz,
que vuelve a la luna.

MORENO MANENTE

Índice

Prólogo 11

I. Una forma de sentir 31

II. Alzheimer 33

III. Libertad 34

IV. Etopeya íntima 36

V. Una martingala llamada luz 40

VI. Estaba allí anotado 42

VII. Herir al poeta 44

VIII. Larga espera 46

IX. Recientemente hoy 47

X. Porvenir 50

XI. Soledad 52

XII. Dijo 54

XIII. Soñar 56

XIV. Quisiera no traicionar mi mano 58

XV. Era joven 59

XVI. De esos silencios 62

XVII. La luz de tus ojos negros 64

XVIII. Era lo que había 66

XIX. Palabras pautadas 68

XX. Después de la matriz 70

XXI. Señoritingo 72

XXII. Diatriba de un necio 74

XXIII. Desaliento 75

XXIV. Mirando lo visto 77

XXV. Esperando la palabra 79

XXVI. Fútil iniquidad 81

XXVII. Pensé 83

XXVIII. Atados 86

XXIX. Reflejos 88

XXX. Amor recíproco 90

XXXI. Todo en un momento 92

XXXII. Un amor amanecido 94

XXXIII. Medité 96

XXXIV. Hubiésemos sido 97

XXXV. Mayeando, momentos 99

XXXVI. Lealtad 101

XXXVII. Héroe 103

XXXVIII. En la corrección 106

XXXIX. Mi viaje 108

XL. El espejo 109

XLI. Hartazgo 110

XLII. Torpemente recordando 112

XLIII. Desaliento 114

XLIV. Adolescencia de un lloro tardío 116

XLV. Rebelado 117

XLVI. ¿Un dolmen vivo? 119

XLVII. La vida es cambio 121

XLVIII. Boceto de un vuelo 124

XLIX. Merece la pena 126

L. ¿Yo? 129

LI. Aquella primavera que fue 131

LII. Por las tardes de Gomorra 133

LIII. Paciente 136

LIV. Llamarada 138

LV. Aún en el recuerdo tuyo 140

LVI. Estaba ansiando el verso 142

LVII. Quiero 145

LVIII. El indicio se paró 148

LIX. Ese futuro que llega 150

LX. Ánimos 152

LXI. Entre páginas 154

LXII. Lloro 156

LXIII. ¿Sin saber por dónde ir? 158

LXIV. Un libro en blanco 160

LXV. Anduve el camino 162

LXVI. Elucubración 165

LXVII. Un canto a la falsedad 167

LXVIII. Un recuerdo vive ahí 169

LXIX. ¿Por qué…? 171

LXX. De paso por aquí 175

LXXI. No me fallaba nunca 177

LXXII. Dificultades 178

LXXIII. Oda a Diego Gámez Walinont 180

LXXIV. El día que te fuiste 182

LXXV. Llegó el momento 185

LXXVI. Enamorado 188

LXXVII. Ayuda 190

LXXVIII. El estímulo abestiado 192

LXXIX. El error 195

LXXX. Anoche tuve un sueño 197

LXXXI. En positivo 200

LXXXII. Agua *salá* 202

LXXXIII. Recocoimiento 204

LXXXIV. Un beso singular 206

LXXXV. Mi niña 208

LXXXVI. ¿Olvidos? no, supo 212

LXXXVII. Papeles al peso 216

LXXXVIII. Un pétalo de la margarita 218

LXXXIX. Vivamos 220

XC. El deshielo del iceberg 222

XCI. Circunspecto 225

XCII. El recuerdo se me olvidó 226

XCIII. Asediante aprehensión 228

XCIV. En el embeleso de la palabra 230

XCV. Hay que ver la noche 231

XCVI. Tiempo, espérame 233

XCVII. libertad 234

XCVIII. El trazo enfocado 237

XCIX. Demasiadas ensoñaciones 239

C. Tiempo, quisiera 240

CI. De charla con mis adentros 242

CII. Hubiese querido darle la mano a la niña 245

CIII. Cántico de esos besos 247

CIV. Migrante 250

CV. Ese día que viene 252

CVI. Elegía desgarrada 254

CVII. Para un poeta y una aviadora 256

CVIII. Querer queriendo 259

CIX. Cantata pastoril de aquel jardín y sus susurros 261

CX. Vivir la vida 264

CXI. Se hubo desteñido el sino 265

CXII. Las encalamadas empujan a ninguna parte 267

CXIII. El manso 268

CXIV. En la soledad del ánimo roto 269

CXV. Queda mucho por hacer 271

CXVI. Adiós, palabra 273

CXVII. El trazo enfocado 275

CXVIII. Reencuentro 277

CXIX. Septuagenario 279

CXX. Cuestión de amor 280

CXXI. Desembocando riadas 281

CXXII. La galga albahía 283

Posfacio 285

Diamantes de luna en el mar. Moreno Manente 293